옛글로 읽는
공존의 인문학

전주대학교 HK+지역인문학센터
교양총서 ❷
옛글로 읽는 공존의 인문학

인쇄일   2021년 4월 16일
발행일   2021년 4월 20일

발행처   전주대학교 HK+지역인문학센터
저 자   김형술(전주대학교 한문교육과 교수)
        김승우(이화여자대학교 국어국문학과 교수)
        백진우(전주대학교 한국어문학과 교수, 전주대학교 HK+지역인문학센터장)

주 소   (55069) 전북 전주시 완산구 천잠로 303 전주대학교 진리관 212A호
이메일   jjondara@naver.com
전 화   063) 220-3201~3203, 3207   FAX 063)220-3205

디자인/인쇄 신아출판사
전 화   063)275-4000, FAX 063)274-3131
저작권자 ⓒ 2021 전주대학교 한국고전학연구소 인문한국플러스(HK+) 지역인문학센터
본지에 수록된 내용은 사전 동의 없는 무단 전재 및 복제를 금합니다.

ISBN 979-11-5605-905-9 04080
ISBN 979-11-5605-750-5 (세트)

정가 20,000원

* 이 저서(교재)는 2018년 대한민국 교육부와 한국연구재단의 지원을 받아
수행된 연구임(NRF-2018S1A6A3A01045347)
This work was supported by the Ministry of Education of the Republic of
Korea and the National Research Foundation of Korea(NRF-2018S1A6A3A01045347)

전주대학교 HK+지역인문학센터
|교|양|총|서|2

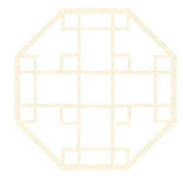
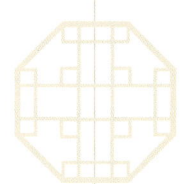

옛글로 읽는
공존의 인문학

김형술 / 김승우 / 백진우 공저

전주대학교 한국고전학연구소 HK+연구단
온다라 지역인문학센터

발간사

　전주대학교 한국고전학연구소 인문한국플러스(HK+) 온다라 지역인문학센터는 지난 2018년 5월 출범한 이래 전주와 전라북도 지역의 인문학 대중화 거점 역할을 수행해 오고 있습니다. 3년이라는 길지 않은 기간이지만 주어진 환경 내에서 시민과 도민 곁으로 인문학이 다가갈 수 있도록 많은 노력을 기울이고 있습니다.

　얼마 전 한국연구재단에 제출할 보고서를 작성하면서 지난 3년간의 발걸음을 찬찬히 되짚어볼 기회가 있었습니다. 정리를 해보니 저희 센터에서는 지난 3년간 총 강의 238회(333시간), 총 체험 38회(59시간)의 인문학 대중화 행사를 개최하였습니다. 강의와 체험에 참여한 연인원은 무려 9,619명에 달했습니다. 물론 인문학 대중화의 성과를 수치로 환산하는 일이 마냥 기꺼운 일만은 아닙니다. 그러나 많은 분들이 가까이에서 여러 형태의 인문학 강의와 행사를 접할 수 있도록 했다는 점에서는 최소한의 자부심을 가질만한 성과를 거두었다고 생각합니다.

하지만 저희 센터에서의 활동이 마냥 순탄한 것만은 아니었습니다. 특히 2020년 연초부터 우리나라뿐만 아니라 전세계를 들이덮친 코로나19 바이러스의 여파는 저희 센터의 활동에도 큰 영향을 미치게 되었습니다. 오프라인 활동으로 예정했던 여러 강의 프로그램을 취소할 수밖에 없었고, 여럿이 모여 함께하는 체험 프로그램도 줄줄이 연기할 수밖에 없었습니다. 사람이 모여야만 '인문학'에 대해 함께 이야기를 나눌 수 있을텐데, 그러지 못해 무척 답답하기만 했습니다.

그런 시점에서 떠올린 것이 바로 새로운 온라인 강의 콘텐츠 기획이었습니다. 마침 인문한국플러스 사업을 수행하는 전주대학교 한국고전학연구소의 연구 아젠다는 '유교문화의 탈영토화, 공존의 인간학과 미래공동체'였습니다. 이에 한국 고전문학을 전공하는 몇몇 교수들이 우리나라 옛 글에서 공존(共存)의 가치를 담고 있는 작품들을 선정해 온라인 강의를 만들고자 하는 데 뜻을 모았습니다. 그리고 2021년 1월부터 격주 1회 발송하는 온라인 뉴스레터 방식으로 강의를 진행하고 있습니다.

이 강의는 크게 '일상', '관계', '공감', '공존'이라는 네 개의 주제를 담고 있습니다. 모두 인간이 살아가는 데 있어서 놓쳐서는 안될 중요한 가치입니다. 하지만 코로나19 시국에서 가장 온전하게 유지하기 어려운 가치이기도 합니다. 모두가 사람을 만나야만 유지할 수 있는 가치이기 때문입니다. 새로운 사람은 물론이거니와 가까운 이들도 편하게 만나기 어려운 환경

속에서 어떻게 하면 이러한 가치를 접할 수 있을까를 고민했습니다. 그래서 택한 것이 바로 우리 선조들이 남겨놓은 옛 글이었습니다. 고전(古典)의 지혜를 빌려 간접적으로나마 인간 사이의 가치를 되새겨볼 수 있을 것이라는 생각입니다.

잠시 인간(人間)이라는 단어를 떠올려봅니다. 인간은 '사람'이라는 우리말에 대응하는 단어이기도 합니다만 그보다 더 큰 의미를 품고 있습니다. 사람과 사람이 함께 어울려 살아가는 세상이라는 의미로, '인생세간(人生世間)'에 해당합니다. 사람과 사람 사이를 바이러스가 갈라놓은 상황에도, 사람은 늘 누군가와 함께하기를 희망합니다. 그러기 위해서는 나 자신에 대한 인식은 물론이거니와 나 아닌 다른 이들에 대한 이해와 공감이 필요합니다. 이 강의에서 소개하는 글들이 그에 대한 정답(正答)은 아니라고 하더라도 해답(解答) 가운데 하나를 보여줄 수 있다고 생각합니다.

인문학에 관심을 갖는 대중을 대상으로 진행한 강의임을 감안하여, 책의 내용은 최대한 강의 내용을 온전하게 기술하는 방식을 택했습니다. 비록 강의실에 앉아 얼굴을 마주하고 진행하는 강의는 아니라 할지라도, 글을 통해 옛 글을 마주함으로써 인간이 살아가는 데 필요한 가치를 함께 느껴보는 기회가 되었으면 합니다.

전주대학교 HK+지역인문학센터장 백진우

차례

제1장 일상

1. 한밤중 잠에서 깨어 _ 김형술 … 13
2. 나는야 꽃동산의 맹주 _ 김형술 … 23
3. 범 무서우니 나다니지 말거라 _ 김승우 … 33
4. 너를 믿지 않았더니 _ 김승우 … 45
5. 나는 내 집이 좋아라 _ 백진우 … 57
6. 평범함의 가치 _ 백진우 … 65

제2장 관계

7. 얘야, 좀 더 있다 가려믄 _ 김형술 … 77
8. 나는 완전 바보, 그대는 반걸 바보 _ 김형술 … 89
9. 딸아 딸아 고명 딸아 _ 김승우 … 95
10. 느낄 일도 많고 많아 _ 김승우 … 105
11. 고슴도치도 제 새끼는 함함하다 _ 백진우 … 113
12. 네 덕을 어찌 잊으랴 _ 백진우 … 121

제3장 공감

13. 닮아 미안해 _ 김형술 ··· **131**

14. 어찌 저런 철면피가 _ 김형술 ··· **137**

15. 이도 옳고 저도 옳고 _ 김승우 ··· **145**

16. 내 맘 같아서 _ 김승우 ··· **155**

17. 내 마음 알아주는 벗이 있지 _ 백진우 ··· **167**

18. 내 마음, 누가 알아주랴 _ 백진우 ··· **177**

제4장 공존

19. 부처와 거지 _ 김형술 ··· **189**

20. 절밥과 까마귀 _ 김형술 ··· **197**

21. 한 끝에 있으니 _ 김승우 ··· **205**

22. 같이 논들 어떠리 _ 김승우 ··· **215**

23. 잠시 머물다 가는 인생 _ 백진우 ··· **225**

24. 욕심이 커지면 근심도 커진다네 _ 백진우 ··· **233**

전주대학교 HK+ 지역인문학센터
|교|양|총|서| 2

제1장
일상

1. 한밤중 잠에서 깨어
2. 나는야 꽃동산의 맹주
3. 범부 싸우니 나다니지 말거라
4. 너를 믿지 않았더니
5. 나는 내 집이 좋아라
6. 평범함의 가치

심사정(沈師正, 1707~1769) / 눈속에 매화를 찾아(雪中探梅圖) / 국립중앙박물관

1. 한밤중 잠에서 깨어

김형술

COVID-19와 변화된 일상, 그 새로운 출발점에서

코로나19가 창궐한 이래로 우리가 가장 현저하게 경험한 것 가운데 하나는 바로 일상의 단절입니다. 한국전쟁 중에도 쉼이 없었다던 학교가 문을 닫았고, 개인들 간의 친교 모임도 지극히 조심스러울 수밖에 없었으며, 카페에 가서 담소를 나누고 술집에서 조촐하게 술잔을 기울이는 일도 이제 당연한 것이 아니게 되었습니다. 저만 해도 그렇습니다. 너무나 당연했던 학생들과의 대면수업이 이제는 당연하지 않은 것이 되어버려 1년의 끝자락인 지금에도 컴퓨터 앞에 앉아 수업 동영상을 만들고 화상회의 프로그램을 통해 학생들을 만나야 했습니다. 한시의 구절을 두고 알 듯 모를 듯한 학생들의 표정을 살피며 한시의 절묘한 매력을 신나게 강의하던 제가, 컴퓨터 화면을 바라보며 소통을 가정하여 혼잣말로 동영상 강의를 채워나가는 동안, 저는 너무나 당연했던 것들이 얼마나 소중한 것들이었던가를 절감하였습니다.

열거하자면 끝이 없을 이 일상의 변화를 통해 우리는 낯설고 힘들었지만 대단히 소중한 생각 하나를 갖게 되었습니다. 그것은 특별한 의미를 발견할 필요, 혹은 인식조차 없었던 일상이 우리에게 얼마나 소중한 것이었는지에 대한 자각이었습니다. 흡사 공기처럼 말이지요. 그래서 사람들은 낯설고 편치 않은 Untact한 일상 속에서도 자신만의 특별한 의미를 담아내는 일상을 가꾸기 시작했습니다. 집안 정리와 청소에 각별한 공을 들이는 사람들도 있고, 요리에 온 정성을 쏟는 사람들도 있으며, 밀폐된 공간은 위험하여 일부러 파란 하늘과 맑은 공기를 찾는 이들도 많아지고 있습니다. 이처럼 코로나19가 불러온 일상의 변화는 대수롭지 않게 여겨왔던 이전의 일상을 우리 앞에 소환시키며 익숙하고 편리했던 것들에 대한 소중함을 환기시키는 한편, 낯설고 편치 않은 Untact한 일상 앞에서 새로운 일상으로의 전환을 모색하게 하고 있습니다.

선인들의 일상 엿보기

코로나19가 마주하게 한 이 변화의 과정 속에서 우리 선인들의 일상을 엿보는 것은 우리가 새로운 일상을 만들어가는 데 적지 않은 시사점을 줄 수 있으리라 생각하기 때문입니다. 조선의 문인들은 자신들의 평담(平淡)한 일상을 시로 그려내는 일이 많았습니다. 자신이 일상에서 사용하던 소소한 물건들에 특별한 애호와 의미를 붙이기도 하고, 일상에서 마주하는 별 것 아닌 것 같은 풍경 속에서 자신만의 의미를 발견하고 잔잔한 흥취를 붙이기도 하였습니다. 그 가운데서도 눈에 띄게 많이 발견되는 작품들이 꽃과 관련한 시편들입니다. 함께 살펴볼 동포(東圃) 김시민(金時敏)의 「한밤 중 잠에서 깨어(夜半睡覺)」라는 작품과 사천(槎川) 이병연(李秉淵)의 「꽃밭에서(花園)」라는 작품 또한 꽃을 소재로 우리 선인들이 무엇을 아끼고 무엇을 의미 있게 사유했는지를 흥미롭게 보여줍니다.

한밤중 잠에서 깨어

폐병은 겨울이면 늘 심해져
차가운 밤 술잔도 들지 못하는데
한 자 넘게 눈이 온 걸 알자마자
생각이 감실 매화로 먼저 간다네.
마구간의 말발굽 자주 또각거리고
창가 아이 코골이는 천둥 같은데
심지 밝히고 낡은 문에 눈을 붙인 채
한 생명이 예 왔는지 살펴본다네.

조희룡(趙熙龍, 1789~1866) / **매화**(墨梅) / 국립중앙박물관

肺病冬常苦宵寒未御盃
폐병동상고 소한미어배

已知盈尺雪先念在龕梅
이지영척설 선념재감매

櫪馬蹄頻鼓窓童鼾卽雷
력마제빈고 창동한즉뢰

心明眼故闔點檢一生來
심명안고합 점검일생래

— 김시민(金時敏), 「야반수각(夜半睡覺)」

    동포(東圃) 김시민(金時敏; 1681~1747)의 「한밤 중 잠에서 깨어(夜半睡覺)」라는 작품입니다. 동포 김시민은 조선후기 진시(眞詩) 운동을 통해 한시 쇄신을 창도했던 백악시단(白嶽詩壇)의 일원으로 다음에 볼 사천 이병연과 시명(詩名)을 나란히 한 문인입니다.

    수련(首聯)을 보면 작가는 겨울마다 기침으로 고생을 해왔던 모양입니다. 그날 밤도 기침 때문에 잠에서 깬 뒤 다시 잠이 오지 않아 한 잔 술로 잠을 청하려 했지만 기침 때문에 그것마저 여의치 않습니다. 억지 잠을 청할 수 없어 밖을 내다보니 어느새 한 자 넘게 눈이 내렸습니다. 그런데 눈이 한 자 넘게 쌓인 걸 알자마자 시인은 불현듯 감실의 매화 걱정이 듭니다. 그래서 말도 발을 동동 구르는 지독한 추위 속에, 천진한 아이의 세상모르는 코골이를 뒤로 한 채, 시인은 매화를 찾아갑니다. 그리고는 주섬주섬 등불을 찾아 불을 밝힌 뒤 감실 문짝에 눈을 대고서 매화를 살펴봅니다. 그런데 마지막 구의 표현이 의미심장합니다.

'한 생명이 예 왔는지 점검한다[點檢一生來]'는 표현 속에는 매화의 개화를 바라보는 시인의 인식이 잘 드러나 있습니다. 시인은 매화의 개화를 그저 감각적 향유대상으로서의 꽃의 개화가 아니라 '생명의 탄생'이라는 관점에서 인식하고 있습니다. 더구나 경련의 '말도 발굽을 자주 또각거릴 만큼' 혹독한 추위에서라면 매화의 개화는 더욱 신비롭고 외경스럽기 그지없는 생명 탄생의 순간인 것입니다. 그래서 시인은 기침으로 술잔도 들기 어려운 상황임에도 한밤 지독한 추위를 무릅쓰고 매화 감실에 눈을 붙이며 천지간 비밀스러운 생명 탄생의 현장에 동참하고 있는 것입니다.

조선의 문인들이 유독 매화를 사랑했던 까닭은 매화가 절개를 상징하는 사군자 가운데 하나여서기도 했지만, 그보다는 매화의 개화가 현상적으로는 끊긴 것처럼 보였던 생명활동이 한겨울 지독한 추위 속에서도 쉼 없이 이루어지고 있었음을 확인하게 하는, 하나의 특별한 사건으로 인식되었기 때문입니다. 이는 조선조 문인들이 지은 수많은 매화시가 증언하고 있는 바입니다.

삼연 김창흡은 매화의 개화를 두고

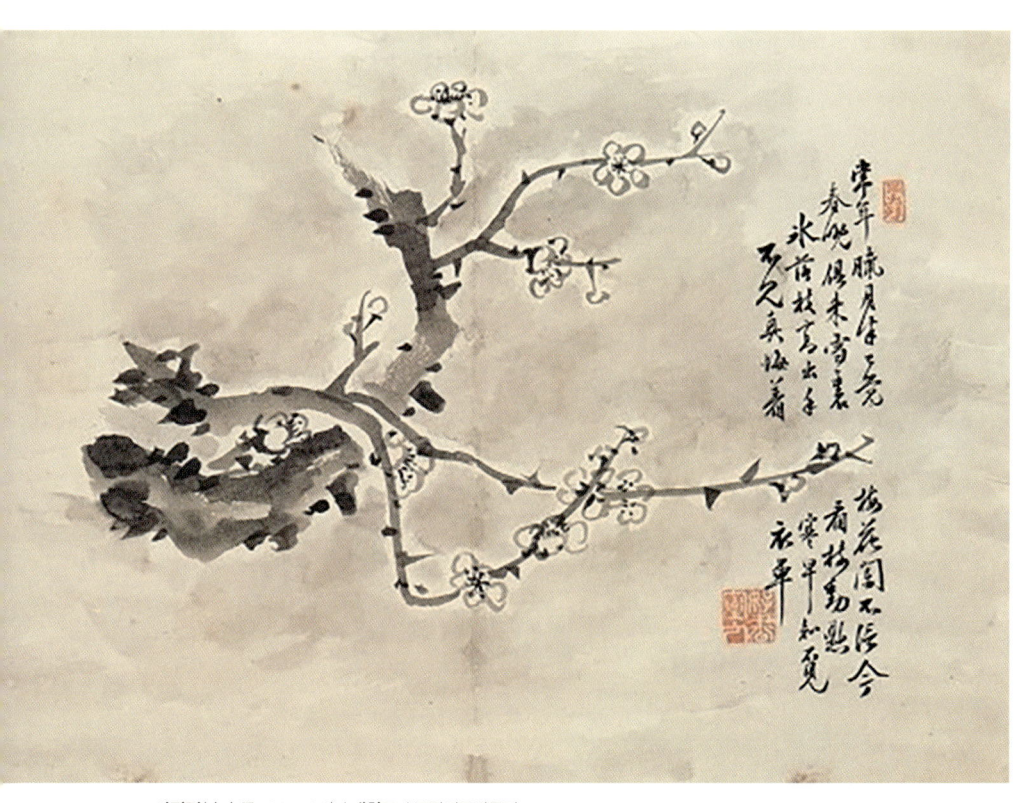

이정직(李定稷, 1841~1910) / **매화도** / 국립전주박물관

"정(貞) 위의 일원(一元)이 하얀 꽃술에서 흘러나오고, 허(虛) 가운데 오묘한 빛 검은 뿌리에서 피었구나[貞上一元流素蕊虛中妙色發玄根]"

―『三淵集』권6「又賦」

라 하였고, 사천 이병연도

"일기(一氣)의 신명한 곳 알고 싶다면, 원(元)의 공(功)이 이어질 때 징험해야 하리.[欲知一氣神明處 須驗元功接續辰]"

―『槎川詩抄』권하「盆梅」

라 하였으며, 나아가

"배태(胚胎) 속에 지극한 묘가 있음을 보아야 하니, 섣부른 문자로는 많은 연기(緣起) 흩고 말 뿐.[要見胚胎存至妙 直須文字罷多緣]"

―『槎川詩抄』권하「盆梅」

이라 하였습니다.

이처럼 성리(性理)의 이치를 체인(體認)하고자 했던 조선조 문인들에게 매화의 개화는 우주 만물의 존재론적 원인자인 하늘의 이치[天理]가 쉼 없이 작용하며[流行不息] 우주적 조화를 이루어내는 순간으로 여겨졌습니다. 우리가 살펴 본 김시민의 작품 또한 이와 같은 성리학적 사유 위에 창작된 것입니다. 그러나 이 작품은 철학적이고 관념적 사유를 직설하지 않습니다. 그 대신 또각거리는 말발굽 소리와 드르렁거리는 아이의 코골이 소리를 뒤로 한 채 고요히 숨을 죽여 문틈으로 매화를 살피는 작가의 행위를 보여주는 방식을 통해 복잡다단한 성리학적 사유를 함축하였습니다. 다 말하지 않아도 더 잘 말하는 법, 이 작품이 거둔 심미적 성취입니다.

신명연(申命衍, 1808~1886)
화조도(花鳥圖) / 국립중앙박물관

2. 나는야 꽃동산의 맹주

김형술

꽃밭에서

첫 번째
예쁜 새 요란하게 지저귀면서
주렴을 쳐다보며 날아갔다 날아오네.
자꾸자꾸 부지런히 말을 전하니
집 모퉁이 살구꽃이 피었나 보다.

其一
宛轉幽禽囀 窺簾去復廻
완전유금전 규렴거부회

重重勤報說 屋角杏花開
중중근보설 옥각행화개

세 번째
붉은 살구꽃 못가에 피어나니
못에는 고운 노을 그려져 있네.
숨어사는 사람은 아이 손을 붙잡고
손으로 가리키며 비친 꽃을 바라보네.

其三
紅杏臨池發 池中寫綵霞
홍행임지발 지중사채하
幽人攜稚子 指輿倒看花
유인휴치자 지여도간화

네 번째
개나리 진달래 지고난 뒤에
하얀 배꽃 벽도화 피어났구나.
나는야 꽃동산의 맹주(盟主)라
아침마다 점검하려 여기 오노라.

其四
辛夷杜鵑落 縞李碧桃開
신이두견락 호리벽도개

我是花盟主 朝朝點檢來
아 시 화 맹 주 조 조 점 검 래

다섯 번째
희고 붉은 고운 꽃들
봄 경치에 어느 것이 좋고 나쁘랴.
시인이 망령되이 품제(品題)해서
조화옹의 마음을 상하게 할 뿐.

其五
白白紅紅艶 春光誰淺深
백 백 홍 홍 염 춘 광 수 천 심
詩人妄題品 傷我化翁心
시 인 망 제 품 상 아 화 옹 심

— 이병연(李秉淵), 「화원(花園)」

　이 시는 사천(槎川) 이병연(李秉淵;1671~1751)의 작품입니다. 사천 이병연은 삼연 김창흡을 이어 백악시단을 이끌었던 문인으로 80여 생애 동안 3만 수가 넘는 창작을 했다고 전해지며, 특히 겸재 정선과의 친교를 바탕으로 시화(詩畵) 교섭의 독보적 성취를 이룩하여 당시에 '좌사천(左槎川), 우겸재(右謙齋)'로 불릴 만큼 명성이 높았습니다. 이 작품은 본래 7수로 이루어진 연작시인데 이 가운데 1, 3, 4, 5수를 가져왔습니다.
　첫 번째 수를 보면, 다음과 같은 정경이 펼쳐집니다. 어느 날인가 시인의 방 주렴 밖에서 이름 모를 어여쁜 새들이 조잘조잘 부산하게 지저 귑니다. 시인은 자기에게 무슨 말이라도 전하려는 듯 유난히 재잘거리는 새소리를 들으며, 이렇게 생각합니다. '집 모퉁이에 살구꽃이라도 피었나? 새들이 왜 이렇게 부산하지?' 시인은 새소리를 듣고 당연히 방을 나와 집 모퉁이 살구나무로 발을 옮겼을 것입니다. 새와 시인의 교감이 참으로 운치 있게 그려져 있습니다.

세 번째 수에는 시인의 꽃밭이 보다 자세히 그려져 있습니다. 새들이 알려준 대로 꽃을 피우기 시작한 살구나무는 가지를 꽃밭 안 작은 연못으로 기울였습니다. 그로 인해 고운 꽃들이 더욱 고와졌습니다. 2구의 '못에 그려진 고운 노을'은 연못에 비친 살구꽃이 그려낸 화폭입니다. 노시인은 한 때뿐인 이 광경을 마음껏 즐깁니다. 어린 손자의 손을 붙잡고 연못에 비친 살구꽃을 하나하나 가리켜 가면서 말입니다. 눈에 곧바로 보이는 살구꽃도 곱디곱지만, 연못에 거꾸러진 살구꽃의 도영(倒影)은 더욱 환상적인 광경을 연출하였을 것입니다.

네 번째 수에서는 시인의 꽃밭에 벌어진 봄날의 향연을 노래하였습니다. 봄이 깊어감에 따라 개나리, 진달래, 배꽃, 벽도화가 때를 달리하며 꽃밭을 수놓습니다. 이처럼 아름다운 봄날 풍광에 한껏 흥이 고취된 시인은 "나는야 꽃동산의 맹주!"라면서 오늘은 또 무슨 꽃이 폈을까 한껏 기대하면서 아침마다 꽃밭을 점검합니다. 여기서 '점검(點檢)'이란 표현이 재미난데요, 이 말은 시인이 꽃밭을 한번 쑥 훑어보는 것이 아니라 무슨 꽃이 지고 무슨 꽃이 새로 폈는지 꽃 하나하나를 살핀다는 의미를 담고 있습니다. 시인의 흥취를 가히 짐작할 수 있지요.

다섯 번째 수에서는 모든 꽃이 봄날을 구성하는 아름다운 존재임을 말하였습니다. 아침마다 한껏 부푼 기대를 안고 그의 표현대로 꽃밭을 '점검'하면서 그 각별한 흥취를 시로 담던 시인은 좀 더 본원적인 생각에 도달하게 됩니다. '망령된 시인의 경솔한 품평이 조화옹의 마음을 상하게 한다'는 구절은 가볍게 말한 듯하지만 모든 존재는 조화옹이 의도한 저마다의 존재 이유가 있다는 존재에 대한 본원적 인식을 드러낸 것입니다. 세상에 미운 꽃은 없다는 것이지요.

이병연의 이 작품은 봄날 꽃밭에서의 아취(雅趣)를 산뜻하게 그려낸 것입니다. 그런데 가만히 음미해보면 시 전편을 관류하는 시인의 흥취는 시적대상[꽃] 자체가 주는 감각적 흥취를 넘어서 새와 교감하고, 꽃과 교감하는 관계에서 발현된 것이며 나아가서는 존재 각각의 의미를 발견하고 각성하는 데서 일어난 흥취임을 알 수 있습니다. 꽃 하나 하나에 눈길을 주고, 그것마다 시를 붙이는 행위 자체가 대상에 대한 깊은 애정이 없고서는 불가능한 것이기 때문입니다. 이런 점에서 이 작품 또한 꽃을 매개로 세계를 구성하고 있는 관계에 대한 깊은 인식을 함축한 작품이라 할 것입니다. 한편, 이 작품은 이러 묵직한 사유를 담고 있음에도 어렵거나 관념적인 말을 배제한 채 이렇듯 쉽고도 경쾌한 언어로 형상화해내었다는 점에서, 이병연의 시적 역량을 살필 수 있는 작품이기도 합니다.

새로운 일상, 그리고 나

　코로나19 장기화됨에 따라 '반려 식물'을 찾는 사람들이 늘어나고 '홈가드닝' 관련 제품들이 인기를 끌고 있다고 합니다. 사람을 만나 소통하는 일이 조심스러운 일이 되어버렸으니 소통을 통해 해소되어야 할 여러 감정들이 혈전(血栓)처럼 응어리지고 있습니다. 그래서 점점 더 많은 이들이 집 안 곳곳에 화초를 가꾸거나 베란다, 옥상 등 자투리 공간에 식물을 키우며 꽉 막힌 우리의 일상에 숨구멍을 마련하고 있는 것일 터입니다. 말 없는 화초나 식물이지만 그것이 위안이 될 수 있는 것은, 오히려 말 없는 그들이기에 더욱 적극적인 교감이 가능해서 일 것입니다.
　백신이 개발되었다고 하나 역병의 전 지구적 전파가 언제 종결될 것인지, 그리고 상황이 종결된 뒤의 세상은 어떠할 것인지 예측하기란 쉽지 않습니다. 다만 많은 전문가들이 예견하듯 이 상황의 종결이 곧 예전 일상 그대로의 복귀로 이어질 것 같지는 않습니다. 코로나가 불러온 변화의 파고는 이미 우리 사회 곳곳을 침식하며 우리의 일상과 사회적 관계에 새로운 인식과 지향을 만들어내고 있기 때문입니다. 그렇다면 우리는 새로운 일상을 어떻게 마주해야 할 것인가?
　우리가 살펴본 작품들은 이 문제와 관련하여 일상의 주인으로서의 '나'와 대상과의 '교감'이라는 측면에서 의미 있는 시사점을 줍니다. 한밤중 기침을 콜록대며 혹독한 추위에도 매화 감실을 눈을 붙였던 김시민,

정원의 새들 꽃들과 교감하며 존재의 의미를 생각했던 이병연의 모습은 우리에게 어떻게 하면 자신의 일상을 풍성하고 운치 있게 만들어 갈 수 있을지에 대한 힌트를 줍니다. 이 낯설고 편치 않은 변화 속에서 여전히 중요한 것은 일상의 주인인 '나'에 대한 적극적인 자각 노력입니다.

> 일상의 주인인 '나'가 나를 둘러싼 새로운 관계-그것이
> 어떤 대상과 어떤 형태로 재조직되더라도-에 대해,
> 주체적으로 의미를 부여하고 능동적으로 교감해나간다면,
> '나'는 새롭게 변화된 일상에서도 자족하고
> 풍요로운 일상의 주인이 될 수 있을 것입니다.

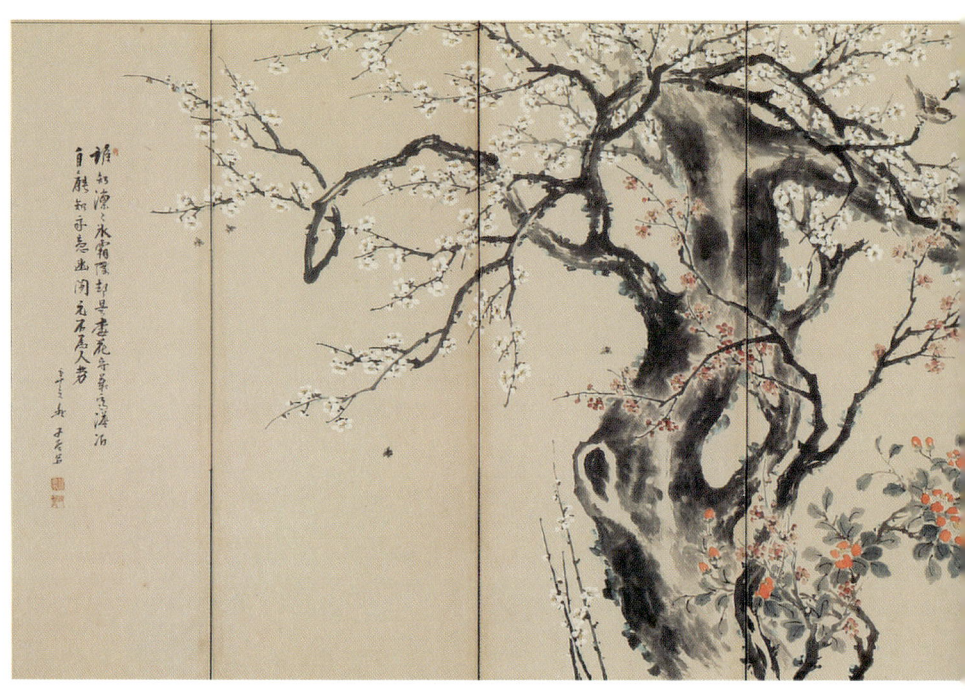

조중태(1902~1975) / 우당 조중태가 그린 **매화 병풍**(又堂 趙重泰 筆墨梅圖屛風) / 국립전주박물관

김형술 _ 나는야 꽃동산의 맹주

김정희(金正喜, 1786~1856) / 金正喜筆山水圖 / 국립중앙박물관

3. 범 무서우니 나다니지 말거라

김승우

  우리 고전문학의 한 부류로 고전시가(古典詩歌) 분야가 있습니다. 고전시가라고 하면 우리말로 돼 있는 옛 시대의 노래를 얘기하는데, 오늘날의 시와 유사한 개념으로 보아도 좋겠습니다. 다만 옛 시대에는 시를 읊조리지 않고 꼭 노래로 부르는 관습이 있었습니다. 그래서 '시(詩)'에 '가(歌)'를 붙인 '시가'라는 조어를 쓰는 것이지요. 이렇듯 시이면서 노래이기도 한 고전시가 작품들 가운데 코로나 시대를 살아가고 있는 오늘날의 사람들에게 공감 또는 시사를 줄 수 있는 사례들을 뽑아서 함께 살펴보는 시간을 갖도록 하겠습니다.

  그 첫 번째 시간으로, '일상'이라는 주제에 어울리는 두 작품을 살펴보고자 합니다. 고산(孤山) 윤선도(尹善道, 1587~1671)라고 하는 17세기의 유명한 문인이 지은 시조(時調) 작품입니다.

　작품을 다루기에 앞서서 우선 윤선도라는 작가가 어떠한 인물인지 대략 살펴볼 필요가 있겠습니다. 고산은 호(號)이고, '외로운 산'이라는 뜻입니다. 경기도 양주(楊州)의 실제 지명에서 따온 것인데, '진정으로 내 뜻을 알아주는 이가 없구나'라는 생각으로 이러한 호를 지었던 듯합니다. 윤선도는 전라남도 해남(海南) 지방의 유력 사대부 가문 출신입니다. 해남 윤씨 종손으로, 재산도 많았고 또한 학술적인 역량과 문학적인 감성도 대단했던 인물입니다.

　대개 그렇듯이 이러한 위치에 있게 되면 아무래도 여러 반대파 인사들과 마찰을 겪을 수밖에 없습니다. 그 과정에서 수차례 유배를 가기도 합니다. 이후 윤선도는 자신의 본거지인 해남에 은거하였습니다. 오늘 다루게 될 작품, 「산중신곡(山中新曲)」에 수록되어 있는 두 작품은 바로 이 해남 은거기에 지은 시조입니다.

　앞서 이야기하였듯이 윤선도는 해남의 거부(巨富)였습니다. 그는 해남 앞바다의 보길도(甫吉島)라는 섬에 가서 그 지역을 일종의 정원처럼 꾸미는 일을 하게 됩니다. 사진이 보길도의 현재 모습입니다. 또한 금쇄동(金鎖洞)이라는 곳에서 풍경을 완상(玩賞)하며 소일하기도 합니다.

　조선 시대의 많은 선비들이 정치적인 풍파(風波)를 겪으며 지방에 한거하기는 하였지만, 윤선도는 전원에 은거하면서도 풍류를 즐길 수 있는 여건이 마련되어 있었기에, 대단히 세련된 작품을 오늘날 전해 주게 된

보길도 풍경 / 완도군청 해양문화관광국

것입니다.

또 다른 사진은 「산중신곡」입니다. 윤선도는 시조 작품을 많이 지었는데, 이는 당시의 상황으로 보면 흔한 일은 아니었습니다. 여느 사대부들이 대개 한시(漢詩)로 문학적 역량을 표출하는 데 주력했던 반면에 윤선도는 한시도 물론 많이 지었지만 또 한편으로는 시조로 자신의 뜻을 표출하였습니다.

「산중신곡」은 말 그대로 산속에서 지은 새로운 노래라는 뜻입니다. 금쇄동에 머무는 동안에 지은 작품들입니다. 여기에는 「만흥(漫興)」이라는 작품도 있고, 유명한 「오우가(五友歌)」라는 작품도 있습니다. 이처럼 「산중신곡」은 개별 작품의 제목이 아니라 윤선도가 금쇄동에서 지은 시조 작품 모음집의 이름이 되겠습니다.

오늘 우리가 살펴볼 「일모요(日暮謠)」라는 작품도 「산중신곡」에 수록되어 있습니다. 「일모요」는 말 그대로 '해질녘의 노래' 또는 '해가 질 때 지은 노래'라는 의미로 해석할 수 있겠습니다. 윤선도는 상당한 규모의 정원을 가지고 있었습니다. 한 개인의 정원이라고 할 수 있을까 싶을 정도의 규모입니다. 짐작컨대 당연히 그 정원을 관리하는 여러 종들, 하인들이 있었겠지요.

이 「일모요」와 다음에 볼 「하우요(夏雨謠)」 등 「산중신곡」 가운데 몇 작품은 바로 하인들을 대상으로 한 작품으로 파악됩니다. 금쇄동을 관리하고 있는, 열심히 일을 해야만 하는 하인들을 애정어린 시선으로 바라보면서 지은 작품인 듯합니다.

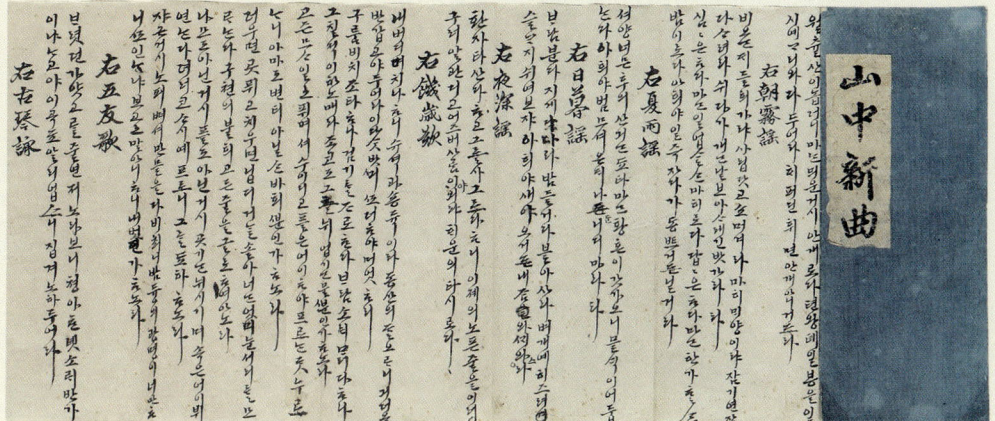

「산중신곡(山中新曲)」 / 고산윤선도유물전시관

김승우 _ 범 무서우니 나다니지 말거라

고어(古語)로 되어 있어서 어렵게 느껴질 수는 있지만, 그렇게까지 어려운 말을 쓴 것은 아닙니다. 하인들을 청자로 설정한 작품이므로 굳이 어려운 말을 쓸 필요가 없었습니다.

> 셕양(夕陽) 넘은 후(後)에 산긔(山氣)는 됴타마눈
> 황혼(黃昏)이 갓가오니 믈식(物色)이 어둡는다
> 아히야 범 므셔온듸 나돈니디 마라라
>
> ―「일모요」

초장(初章)에서 "셕양 넘은 후에 산기는 좋다마는"이라고 했습니다. '셕양'은 저녁볕이지요. 석양이 넘어간다는 저녁해가 넘어간다는 뜻이고, 그 후에 산의 기운이 좋다는 것입니다. 아마도 여름날을 배경으로 한 것 같습니다. 해가 지면 겨울에는 춥고 싸늘해지지만, 여름날에는 한낮에 한창 찌는 듯이 덥다가 해가 지게 되면 그때부터 '좀 살만하다.', '선선하다.'라는 느낌을 받기 마련입니다. 바로 그 여름날의 풍경을 초장에서 이야기했습니다. 한여름에는 아무래도 한낮보다는 해질녘이 활동하기가 좋지요.

하인들 역시도 저녁 무렵에 밖에 나가서 활동을 해 보고 싶었을 것입니다. 그러나 예전에는 밤에 나다니는 것이 여간 위험한 일이 아니었습니다. 산짐승에게 해를 당할 수도 있고, 여름 감기에 걸릴 수도 있고, 지형에 익숙하지 않은 경우에는 길을 잃을 수도 있습니다. 하물며 기분이 좋아

술이라도 한잔 걸치는 때에는 무슨 일이 생길지 모릅니다.

그래서 중장(中章)에서 윤선도는 하인들에게 "황혼이 가까우니 물색이 어둡도다."라고 경계를 합니다. 황혼은 해질녘입니다. 해질녘이 가까워져 오니 물색, 즉 경물(景物)의 색깔이 어둑어둑해진다는 뜻입니다. 종장(終章)에서는 이 작품의 청자(聽者), 즉 작품을 듣게 되는 사람을 직접 호명합니다. "아이야"라고 하였는데, '아이'는 자신이 거느리고 있는 가동(家僮)들, 하인들입니다. 그들에게 "범 무서우니 나다니지 말아라."라고 당부하였습니다. 해가 지면 호랑이가 어슬렁 어슬렁 왔다 갔다 할 수 있으니 함부로 나다니지 말라고 당부를 한 것이지요.

별 얘기 아닌 것 같은데요. 또 이런 것을 시라고 할 수 있을까 느껴질 정도로 일상(日常)에서 쓰는 말을 그대로 가져온 정도에 불과해 보입니다. 그러나 오히려 그렇기 때문에 이 작품이 중요하게 평가되기도 합니다. 예부터 시조 갈래는 사대부 문인들이 자신들의 성리학적(性理學的)인 이념이나 정치적인 포부를 드러낼 때 주로 활용해 왔습니다. 퇴계(退溪) 이황(李滉)의 「도산십이곡(陶山十二曲)」 같은 작품이 대표적이고요, 율곡(栗谷) 이이(李珥)가 지은 「고산구곡가(高山九曲歌)」 같은 작품도 마찬가지입니다. 이렇게 일상적인 내용을 작품화하려는 경향이 흔치 않았는데, 윤선도는 바로 자신 옆에 있는 하인들이 위험한 일에 처하지 않도록 살뜰히 챙기는 내용으로 시조를 지었던 것입니다.

"내가 너희들을 아껴 주어야 하고, 또 주인 된 입장에서 너희의 안위를 책임져야 하는데, 그렇게 여름밤이 좋다고 해서 함부로 나다니면 되겠느냐, 부디 자제하고 집안에 머물거라."라는 지극히 일상적인 내용을 담아 작품을 쓴 것이지요.

사실 오늘날 우리가 지겹도록 듣는 이야기가 바로 이러한 종류의 것인데요, "코로나 바이러스가 횡행을 하니 외출을 삼가고 가급적 늘 집에 머무세요."라는 말을 요즘에 많이 듣게 됩니다. 너무나 지겹게 여겨질 수도 있는 말이지만, 또 한편으로는 '내 안위를 걱정해 주는 사람이 그만큼 많구나.'라는 것을 느껴볼 수 있는 계기가 되는 말이지 않은가 생각해 봅니다. 마치 윤선도가 이런 세심한 부분에 대해서까지 가동들을 걱정했던 것처럼 말입니다. 이 경우에는 굳이 어려운 말을 쓸 필요도 없습니다. 핵심이 되는 당부의 말 한마디면 족합니다. "여름밤이 좋지만 나다니지 말거라."라는 한 문장이면 충분할 것입니다.

비슷한 성격을 지닌 작품은 또 있습니다.

> 심심은 ᄒᆞ다마는 일 업슬 순 마히로다
> 답답은 ᄒᆞ다마는 한가(閑暇) 흘슨 밤이로다
> 아히야 일즉 자다가 동(東)트거든 닐거라
>
> ─「하우요」 제2수

「일모요」와 마찬가지로 「산중신곡」에 수록된 「하우요」라는 작품인데요, 역시 여름날을 배경을 했다는 것을 알 수 있습니다. '하우(夏雨)'는 여름비이고, 작품의 의미상 장맛비를 의미합니다. 윤선도는 가동들이 그렇게 걱정이 되었던 모양입니다. 곁에 있는 사람들이 무슨 해라도 당하지 않을지 늘 노심초사했던 따뜻한 심정의 소유자였던 것 같습니다. 홀로 정원을 경영할 정도로 큰 재물을 지니고 있었지만, 하인들 한 명 한 명을 너무나도 애틋하게 챙겼던 것이지요.

「하우요」에서는 장마철의 상황이 펼쳐집니다. 초장에서는 "심심은 하다 만은 일이 없는 것이 장마이로다."라고 했습니다. '마'에 'ㅎ'이 딸려 있는 '마ㅎ'는 옛말로 장마라는 뜻입니다. 요즘에야 실내에서 하는 일이 많으니까 장마철이어도 일을 할 수 있지만, 예전에 일이라고 하면 거의 다 바깥일, 즉 농사일이었으니 장마가 지면 대개는 일을 쉬어야만 했습니다. 그래서 장마철에는 심심할 수밖에 없습니다. 하지만 부정적인 의미에서는 심심한 것이고, 긍정적으로 보면 일이 없는 것입니다. 하인들이 일을 쉴 수 있는 시간대가 바로 장마철이니까요.

밤도 그렇습니다. 중장에서는 "답답은 하지마는 한가한 것이 밤이로다."라고 하여 초장과 대구(對句)를 이루었습니다. 밤이 들면 답답하기도 하고 또 한가하기도 합니다. 어차피 밤에는 일을 하지 않기 때문입니다. 더군다나 장마철 밤에는 더욱더 소일거리가 없으니 답답할 수밖에 없습니다. 하지만 긍정적으로 생각하면 일이 하지 않아도 되는 한가한 때가 바로 밤이기도 합니다.

'심심하고 답답'하지만 '일 없고 한가'하기도 한 때가 바로 장마철 밤인 것이지요. 부정적인 측면을 얘기하면서도 긍정적인 측면을 상기시키려는 의도가 발견됩니다. 지루하게 느껴질 수는 있지만, 마음껏 편히 쉴 수 있는 시간이니 모쪼록 휴식을 취하라는 당부를 전달하기 위함입니다. '아이'의 입장에서는 심심하고 답답한 것만을 생각해서 밖에 나가 놀고 싶은 마음을 억누르기 어려울 터이지만, 그리 하다가 사고가 나기 십상이니 부디 안에 머물면서 편안히 쉬라는 당부입니다. "아이야 일찍 자다가 동이 트거든 일어나거라."라는 종장의 꾸밈없는 말속에 그렇듯 따뜻한 당부가 녹아 있습니다.

"당장은 심심하고 답답하겠지만, 내일은 불현듯 맑게 날이 갤 줄 누가 알겠느냐? 내일 날이 개면 활기차게 다시 하루를 시작해 보자꾸나."라는 말을 하고 싶었던 듯합니다. 물론 장마철이니 날이 쉽게 갤 리는 없겠으나 그래도 장마는 언젠가는 끝나기 마련입니다. "그러한 기대를 품고서 오늘은 일찍 잠자리에 들자."라는 취지가 엿보입니다. 어떻게 해서든 희망적인 메시지를 전해 주고자 했던 것이지요.

이처럼 「일모요」와 「하우요」는 모두 가동들에게 주는 작품이면서, 가동들의 안전을 생각하는 윤선도의 따뜻한 마음이 서려 있다는 공통점도 있습니다. 놀기 좋은 때라고 함부로 돌아다니다가 큰 화를 입을 수 있으므로 들뜬 마음을 자제해 보자는 「일모요」의 당부, 다소 심심하고 답답하더라도 밖에 나가기 어려운 상황이니 좋은 날을 기약하면서 당장은 집안에서 편히 쉬어 보자는 「하우요」의 당부가 상통합니다. 마치 코로나 시대를 헤쳐 나가고 있는 현대인들에게 전해 주는 말 같습니다.

또 한편으로, 오늘 첫 작품으로 윤선도의 시조를 가지고 온 것은 과히 어렵고 장황한 말을 하지 않으면서도 핵심이 되는 뜻을 선연하게 드러내는 고전문학의 사례를 살펴보기 위한 의도도 있습니다. 흔히 옛 시조나 가사(歌辭) 같은 고전문학 작품이라고 하면 어렵게 느껴지기 마련이지만, 반드시 그런 것만은 아니라는 점을 느껴보았으면 합니다.

윤선도의 「일모요」와 「하우요」처럼 아주 쉽고도 일상적인 말로 이루어진 작품들도 많이 있다는 점을 말씀 드리고자 했습니다. 고전시가의 매력을 찾아가는 여정을 다음 시간에도 이어가 보고자 합니다.

전기(田琦, 1825~1854) / **매화초옥도**(田琦筆梅花草屋圖) / 국립중앙박물관

4. 너를 믿지 않았더니

김승우

 '일상'이라는 키워드로 오늘은 주옹(周翁) 안민영(安玟英, ?~?, 19세기)이라는 시조(時調) 작가의 작품 세 수를 살펴보려고 합니다. 일상은 말 그대로 우리가 지나쳐 살아가는 나날의 삶을 의미합니다. 코로나 시대라는 험난한 일상을 극복해 나가기 위한 교훈적인 메시지를 담은 작품을 선정해 보고 있는데, 그 가운데 하나가 안민영이 지은 「매화사(梅花詞)」라는 작품입니다. 이 작품을 통해 지금껏 범상하게 여겨 왔던 대상의 놀라운 면모를 발견해 가는 시각을 확인해 보고자 합니다.

 이 작품 속에 "너를 믿지 않았더니"라는 구절이 나오는데요, 매화(梅花)라는 식물에 대해서 '별로 중요한 건 아니겠지.', '네가 뭐 별거 있겠냐!'라는 생각을 가지고 있다가 어느 순간엔가 '아! 사실은 대단한 존재였구나.'라는 경탄을 하게 됩니다. 더구나 '너'라는 2인칭으로 친근하게 매화를 부르기까지 합니다. 그야말로 '모르고 지나쳐 온 대상의 놀라움'이라고 지칭할 수 있는 상황입니다. 늘상 보아 왔던 매화를 새롭게 발견하였던 것입니다.

오늘날 우리는 집안에서 대부분의 시간을 보낼 수밖에 없습니다. 가장 익숙한 공간에 머물게 되는 것이지요. 집안에 보면 여러 가지 물건이 있는데요, 어떤 특정한 물건을 우리가 잘 모르고 지나치는 경우가 꽤 있습니다. 매일 접하는 것이어서 그럴 수도 있고, 또는 그냥 놓아두고 잘 거들떠보지 않는 것이어서일 수도 있습니다. 그러다가 어느 순간엔가, '아! 이 물건이 이런 묘한 색깔을 띠고 있었구나.', '이 물건에 이런 쓰임새도 있구나.'라는 것을 깨달을 때가 있지요. 거기에서 소소하지만 미묘한 기쁨을 발견하기도 합니다.

그러한 경험을 떠올리면서 오늘 「매화사」라는 작품을 같이 살펴보면 좋겠습니다. 「매화사」는 연작시입니다. 지난 시간에 보았던 고산 윤선도의 「우후요」도 한 수로만 끝내는 것이 아니라 두 수 이상의 작품을 엮어서 지은 연시조인데요, 「매화사」도 마찬가지입니다. '매화사'라는 말은 '매화를 읊은 노래', '매화와 관련된 노래'라는 뜻입니다. 매화는 예전부터 아주 고고(孤高)한 식물로 인식이 되어 왔습니다. 사군자(四君子)라는 말을 들어보셨을 것입니다. 매화, 난초, 국화, 대나무의 네 가지 식물을 예전부터 선비들이 군자의 모습을 지니고 있는 식물이라고 해서 사군자라고 추앙을 해 왔던 것이지요. 그리고 네 가지 식물을 각각 봄, 여름, 가을, 겨울에 대응시켰는데, 매화는 그 가운데 봄을 상징하는 식물입니다.

매화나무 / 국립수목원

매화가 지니고 있는 특징은 혹독한 겨울날의 추위를 이겨내고 꽃을 피운다는 것입니다. 때문에 매화는 군자의 절개를 잘 드러낸다고 생각해 왔습니다.

매화는 또 색깔이 은은하기 때문에 더더욱 선비들의 취향에 맞았던 것 같습니다. 사진에 보이는 매화나무가 우리가 종종 보게 되는 매화의 모습입니다. 다른 꽃들이 아직 피어나기 전에 매화 가지에 달린 은은한 꽃들을 보면서 우리는 '이제 곧 봄이 오겠구나.'라는 생각을 하게 되지요.

그런데 코로나 시대에 우리는 주로 집안에 머물고 있으니 어쩌면 바깥에 핀 매화의 모습을 직접 보기는 어려울 수 있겠고, 매화의 미감을 느끼는 데에는 오히려 매화 분재(盆栽)를 대상으로 삼는 것이 더 적합할

매화 분재 / 영주시 매화분재원

지도 모르겠습니다.

안민영이 「매화사」에서 노래한 매화 역시 사진에 보이는 것과 같은 분재 형태의 매화였습니다. 분재 형태의 매화라면 꽃 한 송이 한 송이 자세히 살펴볼 수 있다는 점에서 나무에 피어 있는 매화와는 또 다른 미감을 전해 주지요. '매화가 이렇게 생겼구나.'라는 발견의 기쁨을 얻는 데에는 분재 쪽이 더 적합할 듯합니다. 아주 세밀한 관찰이 가능하다는 것인데, 안민영의 「매화사」에서 눈여겨볼 내용 역시 이와 같은 미시적인 부분입니다.

「매화사」는 8수로 되어 있기 때문에 오늘 모두를 다 살필 수는 없고, 세 수만 같이 보도록 하겠습니다. 가장 널리 알려진 작품은 「매화사」 제2수입니다.

> 어리고 셩근 매화(梅花) 너를 밋지 안얏더니
> 눈 기약(期約) 능(能)히 직켜 두세 송이 푸엿구나
> 촉(燭) 잡고 갓가이 사랑할 졔 암향부동(暗香浮動) 하더라
>
> ─「매화사」 제2수

　매화가 피어난 광경을 다루고 있습니다. 「매화사」의 제일 앞부분에 안민영은 자신이 왜 이 작품을 지었는지 간략히 기록해 두었습니다. 안민영의 스승은 박효관(朴孝寬, ?~?, 19세기)이라는 당대의 유명 시조 작가입니다. 안민영은 스승을 따라다니면서 시조도 짓고 시조를 노래로 부르는 법도 배웠습니다. 한때 박효관은 서울 인왕산(仁王山)에 운애산방(雲崖山房)이라는 작은 집을 짓고서 그곳에 은거하였는데, 그가 워낙 매화를 좋아해서 매화 분재를 방에 두었다고 합니다.

　안민영은 늘 매화 분재를 지나쳤습니다. 가끔 물이나 한 번씩 주고 그랬겠지요. 그런데 어느 순간에 '아! 매화의 모습이 어제와는 다른 것 같구나.'라는 느낌을 받게 되게 되었고, 그때부터 매화를 가만히 들여다보면서 매화와 관련된 시조 여덟 수를 연작으로 지었던 것입니다.

　「매화사」 여덟 수 중 두 번째 수에서는 '어리고 셩근 매화'라고 매화를 칭하고 있습니다. 온전한 나무 형태가 아니라 그 일부를 옮겨 놓은 분재이기 때문에 '어리다'라고 표현하였습니다. 그런데 그 분재 나무는 성글기까지

합니다. '성글다'는 듬성듬성하다는 뜻입니다. 가녀린 모습이었던 것이지요. 때문에 안민영은 매화 분재에서 꽃이 피리라고는 믿을 수가 없었던 것입니다. 아무리 매화가 추운 겨울날 꽃을 피우는 절개를 지니고 있다고 해도, 설마 이렇게 여린 가지에서 꽃이 피어나겠는가 하는 의구심을 지닐 수밖에 없었습니다.

그런데 중장에서는 "눈 기약을 능히 지켜 두세 송이 피었구나."라고 경탄하고 있습니다. 이제껏 보지 못했던 두세 송이 꽃이 드디어 피어났다는 것입니다. 이때의 '눈'은 길게 발음하는 '눈'이기도 하고 짧게 발음하는 '눈'이기도 합니다. 길게 발음하면 하늘에서 내리는 '눈[雪]'을 말하고, 짧게 발음하면 사람의 '눈[目]'을 말하는데, 작품은 어느 쪽으로든 해석할 수 있습니다. 하늘에서 내리는 눈으로 해석한다면, '눈이 내릴 때의 기약'으로 풀이할 수 있겠습니다. 눈이 내리는 추운 겨울날에도 기어이 꽃을 피우리라는 매화의 강인한 의지를 드러낸 표현이자, 매화의 선비다운 기풍을 기리는 찬사입니다. 사람의 눈으로 해석한다면, 작자인 안민영과 매화 분재 사이에 오간 공감으로 풀이할 수 있겠습니다. 미덥지는 않지만 그래도 혹시 꽃이 피지 않을까 슬쩍 눈길을 주면서 매화와 남몰래 맺었던 언약입니다. 이 경우에는 매화 분재에 대한 안민영의 애정이 부각되어 나타납니다. 둘 중 어느 쪽을 의도한 것인지는 모르지만, 어느 쪽이든 묘미가 있습니다.

그런데 그처럼 감탄에 싸여 새로 피어난 매화를 지긋이 굽어보던 때가 마침 밤이었습니다. 종장의 '촉(燭)'은 촛불을 의미합니다. 촛불을

매화 / 국립수목원

부여잡고 매화를 '가깝게 사랑할 때'라고 표현하였습니다. 그만큼 매화를 더 자세히 살펴보고 싶었던 것이지요. 꽃잎이 몇 개인지, 또 꽃망울이 어찌 생겼는지 하나 하나 눈에 담고 싶었던 것입니다. 자세히 보기 위해 매화에 가까이 가고, 밤이어서 잘 보이지 않으니 촛불을 밝혀야 했습니다. 이때까지만 해도 안민영은 겉으로 드러나는 매화의 모습에만 집중하였습니다.

그러나 뜻밖에 매화가 지닌 가외의 아름다움이 전해져 옵니다. 바로 그윽한 향기입니다. '암향(暗香)'에서 '암'은 어둡다는 뜻이고, 향은 향기입니다. 글자 그대로의 뜻으로는 '어두운 향기'인데, 느껴질 듯 말 듯한 은은한 향기를 말합니다. 매화는 향기가 진하지 않아서 가까이 가지 않으면 맡을 수 없는데, 사실 안민영은 꽃의 형상을 자세히 보기 위해서 촛불을 들고 가까이 갔으나 그 순간에 뜻하지 않게 그 은은한 향기까지 자신 앞에 떠돌더라는 것입니다. 그야말로 놀라운 발견의 연속이었던 것이지요. 늘 방을 왔다 갔다 하면서 늘 같은 곳에 놓여 있던 분재를 보아 왔지만 '네가 이토록 묘미가 있는 존재인 줄은 미처 몰랐구나.'라는 경탄이 느껴집니다. 분재를 아주 가까이 마주하면서 눈으로 코로 매화의 면모를 한껏 느끼고 있는 안민영의 모습이 그려질 정도입니다.

눈으로 기약(期約)터니 네 과연(果然) 푸엿고나
황혼(黃昏)에 달이 오니 그림즈도 셩긔거다
쳥향(淸香)이 잔(盞)에 셧스니 취(醉)코 놀녀 허노라

― 「매화사」 제4수

「매화사」 제4수도 비슷한 내용이니 제2수와 한데 연관 지어 보아도 좋겠습니다. 초장의 "눈으로 기약(期約)했더니"에서 '눈'은 앞서와 마찬가지로 눈[雪]과 눈[目]으로 모두 해석이 가능합니다. 이어지는 "네가 과연 피였구나"에서 매화를 '너'라고 지칭하는 것은 이미 매화와의 친근감이 극단에 이르렀다는 점을 보여 주고 있습니다. 이곳뿐만 아니라 「매화사」 전반에서 매화가 2인칭으로 지칭되는 것을 알 수 있습니다.

중장에서는 "황혼에 달이 오니 그림자도 성기도다."라고 하였습니다. 황혼은 해질녘입니다. "달이 온다"는 것은 달이 뜬다는 뜻이고, 그 달빛이 매화 분재에 비치어 그림자가 드리워지는 광경을 서술하였습니다. 앞서

제2수에서 안민영은 매화를 '어리고 성근 매화'라 표현한 바 있습니다. 때문에 매화의 그림자도 역시 성길 수밖에 없습니다. 튼튼한 가지가 아닌데도 불구하고 그곳에서 꽃이 피니 더 기특하고 더 감동스러웠던 것이지요. 이렇게 성긴 가지에서 꽃이 피리라고는 미처 확신하지 못했으니까요.

한편, 제2수에서 언급되었던 '암향'이 제4수에서는 '청향(清香)', 즉 맑고 깨끗한 향기로 표현되었습니다. 아무래도 안민영은 이 매화와 더불어 술을 한잔하고 싶었던 것 같습니다. 사실 술을 마시려면 누군가와 대화를 주고받으면서 대작(對酌)을 해야 될 것 같은데 이 작품에서는 매화가 이미 인격화되었기 때문에 매화가 충분히 그 상대가 될 수 있었던 것이지요. 다른 친구는 다 필요 없고 두세 송이 피어난 매화 분재면 충분하다는 것입니다. 그러한 뜻에 화답이라도 하듯이, 안민영이 술잔을 기울이니 매화의 맑은 향이 그 잔에 떠돈다고 하였습니다. 속 깊은 친구를 대하고 있는 듯한 느낌이 전해져 옵니다. 그러니 "술을 마시지 않을 수 있겠느냐?", "한껏 취하고서 매화와 더불어 놀려 하노라."라는 말이 자연스럽게 나올 수밖에 없지요.

브룸이 눈을 모라 산창(山窓)에 부딋치니
찬 기운(氣運) 시여 드러 즈는 매화(梅花)를 침노(侵勞)허니
아무리 어루려 허인들 봄뜻이야 아슬소냐

— 「매화사」 제6수

「매화사」 제2수와 제4수에서는 안민영과 매화 사이의 내밀한 정감을 다루었던 반면, 제6수에서는 매화의 강인한 의지를 드러내었습니다. 매화는 역시 봄이 채 오기 전에 차가운 겨울 날씨를 이겨 내며 피는 꽃입니다. 이 점을 제6수에서는 부각한 것이지요. 초장에서는 "바람이 눈을 몰아 산창에 부딪히니"라고 하여 혹독한 추위를 표현하였습니다. '산창'은 인왕산에 있던 운애산방의 창문이라는 뜻입니다. "찬 기운 새여 들어 자는 매화를 침노한다." 부분에서는 매화가 겪는 시련이 드러납니다. 비록 실내에 매화 분재를 들여놓기는 했지만, 워낙 찬 바람이 세차게 불어 방안까지도 그 기운이 새어 들어서 가녀린 매화 분재를 침범한다는 것입니다. 그처럼 연약한 매화 가지가 이러한 추위를 이겨 내기는 어렵고 그래서 매화가 필 수 없는 상황일 것 같은데 끝내 매화는 두세 송이 꽃을 피우고야 말았습니다.

　이를 안민영은 매화가 품고 있는 '봄뜻'이라고 지칭하였습니다. 찬 기운이 아무리 매화를 얼어붙게 하려 한들 매화가 지닌 고귀한 뜻을 앗아갈 수 있겠느냐는 반문입니다. 매화는 '내가 꽃을 피움으로써 비로소 봄이 왔다는 것을 세상에 알려 주겠다.'는 뜻을 품고 있는데 그러한 의지를 아무리 매서운 겨울바람이라도 빼앗지는 못한다는 단언을 하고 있습니다. 매화의 군자다운 면모를 칭송하였던 것입니다.

　이렇게 해서 안민영의 「매화사」 가운데 세 수를 함께 살펴보았습니다. 특히 앞의 두 수에서는 범상히 지나쳐 왔던 사물을 아주 가까이에서 미시적으로 관찰할 때 발견할 수 있는 미감을 표현하고 있습니다. 우리도 집안에 그냥 놓아둔 사물, 일상적으로 쓰던 물건 한두 개를 택해 자세히 관찰해 보고서 '이 대상이 이런 특징을 가지고 있구나.', '이런 느낌을 주기도 하는구나.'라는 소소한 발견을 해 보는 것은 어떨까 생각해 봅니다. 그런 제안을 하면서 '일상'의 키워드로 진행한 두 번째 시간을 마치도록 하겠습니다.

정선(鄭敾, 1676~1759) / 금강내산총도(金剛內山總圖) / 국립중앙박물관

5. 나는 내 집이 좋아라

백진우

비상(非常) 시대의 일상(日常)

앞으로 2020년이 어떻게 기억될지 알 수 없는 일입니다만, 먼 훗날 2020년을 회상한다면 아마도 대부분의 사람들은 코로나19라는 전염병을 가장 먼저 떠올릴 것 같습니다. 2020년 한 해 동안, 우리가 살아가면서 경험하는 대부분의 일들이 전염병으로 인해 멈춰서 있거나, 축소돼 있거나, 왜곡돼 있습니다. 학생들은 학교에 가지 못하고 있고, 스포츠 게임은 관중을 받지 못하고 있고, 상점들은 문을 제대로 열지도 못하고 있습니다.

급격한 시대 변화에 따라 새로운 표준이 만들어진다는 뉴노멀의 시대,

우리는 각자가 한 번도 경험해보지 못한 일들을 새롭게 받아들이고 적응해나가느라 여념이 없습니다. 대부분의 사람들이 망가진 일상 속에서 하루하루를 버겁게 헤쳐나가고 있습니다. 이런 때라면 예전에 너무도 당연하게 누렸던 일상을 그리워하는 것도 당연할 것 같습니다.

밥 로스(Bob Ross, 1942~1995)라는 미국 출신 화가가 있습니다. '그리기의 즐거움(The Joy of Painting)'이라는 TV 프로그램에 출연하여 유명해진 분입니다. 우리나라에서는 한국교육방송공사(EBS)에서 '그림을 그립시다'라는 제목으로 방영한 적이 있습니다. 밥 로스는 누가 보더라도 어려워 보이는 그림을 붓질 몇 번으로 완성하는 탁월한 능력을 가진 분입니다. 그리고 그림을 완성해 나가면서 시청자들을 향해 여러 차례 던지는 '어때요? 참 쉽죠?'라는 말은 금세 유행어가 되었습니다.

그의 작품들은 오늘날 대부분 1천만원을 호가할 정도로 값어치가 나갑니다. 하지만 그는 자신이 그린 작품들 대부분을 방송사와 재단에 기부하고 사적인 이윤을 추구하지 않았습니다. 그런 그가 인생을 그림에 비유하면서 이런 말을 남긴 적이 있습니다.

어둠을 그리려면 빛을 그려야 해요.

빛을 그리려면 어둠을 그려야 하구요.

어둠과 빛, 빛과 어둠이 그림 속에서 반복됩니다.

빛 안에서 빛을 그리면 아무 것도 없어요.

어둠 속에서 어둠을 그려도 아무 것도 안 보입니다.

꼭 인생같죠.

슬플 때가 있어야 즐거울 때도 있다는 것을 알게 됩니다.

그의 말을 간단히 정리하면 이렇습니다. '빛 안에서 빛을 그리면 아무 것도 없고, 어둠 속에서 어둠을 그려도 아무 것도 보이질 않는다.' 여러분들도 알다시피 인생을 비유하는 표현이나 명언은 셀 수 없이 많습니다. 그런데 요즘처럼 전염병이 창궐한 시기라면 화가 밥 로스의 말이 더욱 절실하게 와닿습니다. 바로 일상과 관련해서 이해할 때 그렇습니다.

일상이 아무렇지도 않게 반복될 경우 우리는 일상의 소중함을 깨닫기가 쉽지 않습니다. 너무도 당연하게 누릴 수 있는 권리라고 생각했기 때문일 겁니다. 아니 어쩌면 아예 그게 권리라고도 생각하지 않았을 겁니다. 그냥 언제나 그 자리에 항상 있다고 생각하기 때문입니다. 그런데 아이러니하게도 그 소중함을 깨닫게 해주는 계기는 '존재(存在)의 부재(不在)'입니다. 일상을 당연하게 살아가던 예전에는 미처 알지 못했던 일상의 소중함을, 전염병으로 인해 일상을 잃어버린 요즘 새삼 각별하게 깨닫게 됩니다.

금강산을 유람하고 나서

지금으로부터 300년 전 쯤의 어느 봄날입니다. 28세의 청년 오원(吳瑗, 1700~1740)은 한양을 출발하여 금강산을 두루 유람한 후 한양으로 돌아옵니다. 오원은 7~8년 전에도 금강산을 가볼 기회가 몇 번 있었다고 합니다. 하지만 한 번은 날씨가 좋지 않아서, 그리고 다른 한 번은 국상(國喪) 때문에 결국 뜻을 이루지 못했습니다. 그래서 금강산을 제대로 한 번 유람하지 못한 일이 한(恨)이 되었다고 할 정도였습니다. 그러다 결국 10년 쯤 지난 뒤에 마침내 금강산을 구경할 기회를 얻었으니 그 설렘과 흥분이 어느 정도였을지 충분히 짐작이 갑니다.

> 5일. 맑음. 해가 뜨자 길을 나서 다락원[樓院]에서 점심을 지어 먹고 동정(東亭)에 도착하여 앉아 쉬었다. 녹음이 산에 가득하였고 폭포와 샘의 물소리는 옥이 구르는 듯하였다. '나는 내 집이 좋아라.[吾愛吾廬]'라는 말이 참으로 맞는 말이로다.

「유풍악일기(遊楓嶽日記)」는 19일 간의 금강산 여정과 감상을 일기 형식으로 꼼꼼하게 기록한 글입니다. 원문은 한자로만 6,500자가 될 정도로 무척 깁니다. 오원은 금강산에 남아 있는 아버지 오진주(吳晉周, 1680~?), 외조부 김창협(金昌協, 1651~1708) 등 집안 어른들의 흔적을 보며 감상에 젖기도 하고, 개심대(開心臺)·헐성루(歇惺樓)·산영루(山映樓)·진주담(眞珠潭) 등 금강산의 뛰어난 절경을 보며 감탄하기도 했습니다. 꼭 한 번 가보고 싶었던 동경의 대상을 직접 경험한 흥분과 즐거움이 글 곳곳에서 느껴질 정도입니다. 그런데 오원은 그 즐겁고 긴 여행의 끝을 " '나는 내 집이 좋아라.[吾愛吾廬]'라는 말이 참으로 맞는 말이로다."라는 말로 맺습니다. 그토록 기다려온 금강산 여행을 끝마치고 남긴 말이라고 보기에는 다소 싱겁기도 합니다.

여기서 오원이 사용한 '나는 내 집이 좋아라'라는 말을 살펴볼 필요가 있습니다. 공감을 많이 얻는 글귀는 오랫동안 회자됩니다. 이 '애오려(愛吾廬)'라는 말은 중국 동진(東晉) 시기의 유명한 시인인 도연명(陶淵明, 365~427)이 「독산해경(讀山海經)」이라는 시에서 사용한 표현입니다. 도연명은 이 시에서 '새들도 깃들 곳 있어 좋겠지만, 나 역시 내 움막집 사랑한다오.[衆鳥欣有托 吾亦愛吾廬]'라고 하였습니다. 이후 이 표현은 여러 문인들이 흔하게 빌려 쓰는 표현이 되었습니다.

대표적으로 홍대용(洪大容, 1731~1783) 같은 이는 아예 자신의 고향 집에 '애오려'라는 이름을 붙일 정도였습니다. 문인마다 경우가 조금씩 다르긴 하지만 '애오려'는 자신이 처한 상황, 공간, 자의식 등을 설명할 때 유용한 말이 되었습니다. 그렇다면 오원이 긴 여행의 끝에 '나는 내 집이 좋아라'라고 하는 도연명의 글귀를 떠올린 이유는 무엇이었을까요?

모든 유산기가 다 그렇지는 않습니다만, 대개 그 끝은 유람의 동반자나 일정을 적는 것으로 마무리합니다. 자신이 며칠간 유람을 했는지, 얼마나 긴 거리를 다녀왔는지, 좋은 여정에 함께한 사람은 누구였는지, 그리고 자신이 직접 본 경치가 얼마나 아름다웠는지 등을 글의 끄트머리에 적어두는 것이 일반적입니다. 그런데 20여일 간의 금강산 여정을 마친 오원은 일정, 동행, 감상 등의 말은 일절 없이 '나는 내 집이 좋아라.'라는 말을 툭 던지는 것으로 여행을 갈무리하였습니다.

내 집이 좋은 이유

먼 길을 나섰다가 돌아오는 길을 떠올려봅니다. 착륙 직전 비행기 아래로 내려다보이는 공항의 활주로, 길게 뻗은 고속도로 저 끝으로 희미하게 보이다가 차츰 가까워지는 톨게이트의 불빛, 집에서 가장 가까운 지하철역이나 버스 정류장. 그 감정을 정확하게 설명하기는 어렵습니다. 하지만 익숙한 장소들은 분명 우리에게 묘한 안도감을 줍니다.

제아무리 즐겁고 신나는 여행을 다녀왔다고 하더라도 결국엔 누구나 일상(日常)을 그리워하고 일상에서 안식을 찾기 때문인 것 같습니다. 수많은 이들이 평생 소원으로 손꼽았던 금강산 구경을 마치고 돌아온 오원이 자신의 별장인 동정(東亭)에 편히 앉아 자신에게 익숙한 풍경을 바라보면서 '나는 내 집이 좋아라!'라고 읊은 이유 역시 바로 여기에 있지 않을까 싶습니다.

정선(鄭敾, 1676~1759) / **단발령에서 바라본 금강산**, 《신묘년 풍악도첩》 / 국립중앙박물관

코로나19라는 '미증유(未曾有)'의 역병(疫病)이 우리 일상을 잠식한 지도 벌써 몇 달이나 되었습니다. 그래서 많은 사람들이 요즘 일상의 부재(不在)를 이야기하고 있습니다. 언제나 때가 되면 어김없이 찾아오는 일들, 발걸음을 옮겨 찾아가면 늘 그 자리에 있던 것들을 찾기 어렵게 된 상황입니다. 늘 여전해서 당연하게만 여겼던 일들이 더 이상 당연하지 않을 수도 있다는 사실을 많은 사람들이 깨닫게 되었습니다.

오원처럼 별세계(別世界)를 구경하고도 일상을 그리워하는 것이 인지상정입니다. 그러니 요즘 같은 살벌한 분위기 속에서 여태껏 우리가 당연하게 누려왔던 일상이 몇 배는 더 소중하게 느껴질 법합니다. 머지않은 미래에 모두가 사소한 일상을 공유하면서 지금의 사태를 잠깐 동안의 여행으로 기억할 날이 왔으면 합니다.

6. 평범함의 가치

백진우

일상을 산다는 것

　나는 오늘 어떤 일상을 살았을까? 누군가 여러분들에게 오늘 하루를 어떻게 보냈는지를 묻는다면 그 대답이 무척 뻔할 것 같습니다. 아침에 일어나서 세수하고 밥을 먹고, 집 안팎에서 각자의 일을 하다가, 다시 집으로 돌아와 저녁을 먹고, 하루의 일을 마무리하고 잠자리에 든다고 말입니다. 물론 어떤 직업을 갖고 있느냐에 따라 각자의 일은 달라질 수 있습니다. 학생이면 공부를, 직장인이면 사무를, 농부면 농사를, 운전사는 운전을 하며 하루를 살아갑니다. 아마 저에게 묻는다면, 학생들에게 강의를 하고 책을 몇 권 읽으면서 하루를 보냈다고 대답할 것 같습니다. 이처럼 대부분의 사람들

전 이교익(傳 李教翼, 1807~?) / 화첩(畵帖) / 국립중앙박물관

은 아주 특별할 것 없는 평범한 일상을 하루하루 보냅니다. 그리고 그 일상에 별다른 일이 끼어들지 않을 때, 특별한 일이 발생하지 않을 때, 우리는 평범한 하루를 잘 보냈다고 생각하기 마련입니다.

기문(記文) 짓는 관례

오늘날에도 경치가 좋은 곳에 가면 어김없이 누정(樓亭)을 볼 수 있습니다. 옛날 분들도 경치 좋은 곳은 참 잘 알았습니다. 원래 누정은 사방이 탁트이게 높이 지은 다락집인 누각(樓閣)과 경치가 좋은 곳에 잠시 쉴 수 있도록 지은 집인 정자(亭子)를 합쳐서 일컫는 말입니다. 누대(樓臺) 또는 정루(亭樓)라고도 말합니다. 산 좋고 물 좋은 곳에 세운 이 누정에서 옛사람들은 경치를 감상하며 시문을 짓기도 하고, 풍류를 즐기기도 하고, 학문을 연마하기도 했습니다.

누정이라는 건축물이 존재한다는 말은 곧 그 건물을 세운 주인이 존재한다는 사실을 의미합니다. 때로는 개인이 소유한 누정이 있기도 하고, 또 때로는 관청과 같은 공적인 기관에서 소유한 누정이 있기도 합니다. 그런데 세상 만물 가운데 이름 없는 것이 없듯, 누정을 세우고 나서는 반드시 그것의 이름을 붙입니다. 그 이름은 누정의 주인이 추구하는 철학적·도덕적 가치와 관련이 있을 때도 있고, 또 어떤 때는 누정을 둘러싼 자연 경관으로부터 이름을 따오기도 합니다. 이름을 붙이고 나서는 글 잘 쓰는 이에게 기문(記文)을 부탁합니다. 누정의 유래, 건축 과정, 명칭 해설 등에 관한 내용을 여기에 담습니다. 이런 관례 속에서 나온 글이 바로 누정기(樓亭記)입니다. 여기 '순리에 따른다'라고 하는 '순사(順事)'라는 이름을 가진 누정이 있습니다. 여기에 적은 누정기인 「순사정기(順事亭記)」를 함께 읽으면서 평범함의 가치를 같이 되새겨봤으면 합니다.

순사정(順事亭)은 황해도(黃海道) 정주목(定州牧) 임해산(臨海山)에 있던 정자입니다. 누군가 이 경치 좋은 곳에 정자를 세우고서는 당시 정주 목사(牧使)로 있던 이가환(李家煥, 1742~1801)에게 기문을 부탁했던 것 같습니다. 글의 시작 부분에서 이러한 정황을 확인할 수 있습니다.

> 정원부(定遠府)의 서쪽에 산이 하나 있는데 이름은 임해(臨海)이지만 바다에 접해 있지 않다. 그 한 줄기가 남쪽으로 뻗어 나가 산이 된 후에야 비로소 바다에 접하게 된다. 뒤로는 수려한 산이, 앞으로는 넓은 바다가 있으니 그 경치가 더욱 뛰어나다. 처사 김모 군이 터를 잡고 그 정자에 순사(順事)라 이름을 붙이고서는 아들 아무개를 보내어 나에게 기문을 요청하였다.

이처럼 이가환은 기문을 지어주게 된 정황을 설명하고 나서 본격적으로 글을 시작합니다.

> 내가 듣자니 처사가 집에서 생활할 때에 아침이 되면 일어나 세수하고 머리 빗고 나서 집안일을 돌보았다. 그러고 나서 아침밥을

먹고 여러 일을 처리하였으며, 저녁이면 또 밥을 먹고 날이 어두워지면 등불을 켜고 한밤중이 되어서야 잠자리에 들었다.

봄이면 농기구를 사용해 농사짓고 누에 채반에다 누에를 쳤고, 여름에는 고치를 켜거나 김을 매며, 가을에는 수확을 하고, 겨울에는 갈무리하였다.

어려서는 부모를 잘 섬겼고, 자라서는 스승과 벗에게 나아갔으며, 자녀를 두어서는 잘 먹이고 가르치는 일이 모두 남들과 같아 다른 점이 없는 듯하였다.

아주 평범한 내용입니다. 제가 오늘 강의의 첫머리에서 오늘 하루가 어땠는지 여쭤봤는데요, 그에 대한 일반적인 대답으로 나오는 일상과 다를 바가 없습니다. 그런데 이 글의 재미는 기문을 부탁한 김씨 처사의 일상이 하루의 일상에서부터 계절별 일상으로 자연스럽게 진행되고 있다는 데에 있습니다. 이는 결국 김처사의 평생 일상을 설명하는 것과 같습니다. 그런데 이런 일상은 굳이 김처사가 아니더라도 누구에게나 해당하는 아주 평범한 일상일 따름입니다. 또 이 글의 재미는 이어지는 부분 역시 사실 다른 이들과 별반 다를 것 없다는 내용을 계속해서 서술하고 있다는 데 있습니다.

그러나 그는 반드시 일찍 일어나 머리를 빗고, 의관을 단정히 갖추었다. 집안일을 모두 합당하게 다스렸고, 먹을 때 배부르기를 구하지 않았으며 등불을 껐을 때도 몸가짐이 단정하였으니, 이는 하루의 일이 잘 다스려진 것이다. 농사와 양잠에 힘써서 어른들을 공양하고 그 남은 것으로는 처자식을 평안하게 하였으니, 이는 일 년의 일이 다스려진 것이다. 또 부모를 섬길 때는 예를 어기지 않았고, 스승과 벗들에게 나아가서는 스승과 벗들이 그의 선함을 칭찬하였으며, 자식을 가르칠 때는 이익과 작록으로 하지 않고 경술로써 권면하였다. 날마다 부지런하기를 처사가 힘썼으니, 내가 기꺼이 그를 위해 기문을 쓰는 까닭이다.

여기서 이가환은 자신이 기문을 써주는 이유를 정확하게 적고 있습니다. 김처사가 아주 대단한 일을 했기 때문이 아니라 아주 평범한 일을 하루도 거르지 않고, 한 계절도 빠지지 않고, 꾸준하게 지속했기 때문에 그 일을 높이 사서 기꺼이 기문을 써준다고 말합니다. 그런데 아마 다른 사람들은 의아하게 생각할 수도 있었을 것 같습니다. 그게 뭐 대단한 일이라고 칭찬까지 해가며 글을 써주는 것일까라는 의문을 가졌을 수 있습니다. 그런 질문에 대비해서 이가환은 다음과 같은 내용을 글 마지막에 덧붙였습니다.

어떤 사람이 지나가다 비웃으며 말했다. "이 또한 사람의 일상생활인데 어찌 칭찬할 것 있겠습니까?" 나는 이렇게 답한다. "그렇기는 하지요. 하지만 그 일상을 따르지 않는 사람들이 많다 보니 천하에 비로소 일이 많아진 것입니다. 만약 한 사람이 이렇게 한다면 한 몸이 다스려질 것이고, 한 집안이 이와 같이 한다면 한 집안이 다스려질 것이며, 한 나라가 이와 같이 한다면 한 나라가 다스려질 것이고, 온 천하가 이와 같이 한다면 천하가 곧 평안해지고 잘 다스려질 것입니다."

이와 같은 이가환의 대답으로부터 많이 들어본 표현이 떠오르지 않으신가요? '수신제가치국평천하(修身齊家治國平天下)'라는 말을 들어본 적 있으실 겁니다. 몸을 다스린 후에 집을 다스릴 수 있고, 나라를 다스린 후에 온 천하를 편안하게 할 수 있다는 말입니다. 온 천하를 다스리는 대단한 일도 사실 그 시작은 자신의 한 몸을 다스리는 간단하고 평범한 일로부터 시작된다는 말과도 같습니다. 아주 크고 대단한 일도 결국에는 사소한 일상을 잘 지키고, 꾸준하게 해나가는 데에서부터 비롯된다는 것이 바로 이가환의 생각입니다. '일상을 따르지 않는 사람이 많다 보니 천하에 비로소 일이 많아졌다'고 이가환의 언급은 바로 세상에 그러한 일상을 지키지 못하는 사람이 많다는 상황에 대한 비판이라고 할 수 있습니다.

제가 오늘 강의의 주제를 '평범함의 가치'로 잡아봤습니다. 누구나 하루는 아무렇지도 않게 평범하게 살아갑니다. 그런데 글에서 언급한 김처사는 바로 온 마음과 정성을 다해서 하루하루를 살아간 인물입니다. 평범한 하루라 할지라도 최선을 다했다면 분명 칭찬받을 만한 일이라고 할 수 있습니다. 이가환은 다른 부분이 아니라 그 평범함을 지키려는 노력을 높이 평가한 것입니다.

사실 평범함이라는 건 그리 칭찬할 만한 일이 아니라고 생각할 수도 있습니다. 누구나 살아가는 하루에 불과하기 때문입니다. 하지만 그 평범한 일상조차 제대로 살아가지 못하는 사람이 많기 때문에, 또 그 평범한 일상에 끼어드는 요소들이 너무도 많기 때문에 우리는 그 일상을 지켜내기가 쉽지 않습니다. 너무나 당연하다고 생각하는 일상의 상식들을 사람들이 지키지 못한다면 세상이 어지러워지고 바른 도리가 서지 않습니다. 아마 이가환은 당대에 그렇게 하지 못하는 사람들이 많다고 생각한 것 같습니다. 그렇기 때문에 김처사의 평범함을 지키려는 노력을 높이 평가한 것 같습니다.

정주목(定州牧) 중 임해산(臨海山) 확대 부분

전주대학교 HK+ 지역인문학센터
|교|양|총|서|❷

제2장
관계

7. 얘야, 좀더 있다 가려믄
8. 나는 완전 바보, 그대는 반절 바보
9. 딸아 딸아 고명 딸아
10. 느낄 일도 하도 많아
11. 고슴도치도 제 새끼는 함함하다
12. 네 덕을 어찌 잊으랴

김학수 (1919년~) / 풍속화(돌잔치) / 국립민속박물관

7. 얘야, 좀 더 있다 가려믄

김형술

코로나19와 가족

앞서 우리는 선인들의 작품을 통해 '나'와 '교감'이라는 키워드를 중심으로 우리가 만들어가야 할 새로운 일상의 문제를 생각해보았습니다. 이제는 일상의 주인인 '나'와 '나'를 존재하게 하는 '관계'의 문제에 대해 생각해보려 합니다.

사실 '나'라는 존재는 '나'가 맺고 있는 '관계'를 떠나서는 생각할 수 없을 지도 모릅니다. '나'라는 존재는 수많은 '관계' 속에서 규정된 수많은 '나'의 총체이기 때문입니다. 나는 누군가의 아빠며, 아들이며, 남편이며, 선생이며, 제자이며…… 동생이며, 형이며, 친구인 그런 존재입니다. 이렇게 본다면 '나'의 정체성은 어느 하나로 규정될 수 없고, 결국 '관계'에 의해 규정된 총체일 수밖에 없습니다. '나'라는 존재는 '관계'를 통해서야 비로소 실질적으로 존재하게 되는 셈입니다.

그런데 코로나19가 우리의 일상을 단절, 변화시키면서 아주 심각하게 떠오른 것이 바로 '관계'의 문제입니다. 사회적 관계의 상당수가 비대면으로 대체된 반면, 강력한 사회적 거리두기는 가족과 함께 하는 시간이 늘어나게 했습니다. 또 제한된 만남은 만날 대상을 신중하게 선택하게 했습니다. 사회적 거리두기 상황에서 만나야 한다면 꼭 만나야 할 사람을 만나야 하니까요. 바로 이 점에서 '가족'과 '벗'이 관계 가운데 더욱 특별한 위상을 차지하게 되었습니다.

가족은 '나'를 존재하게 한 기본 단위이자 가장 직접적으로 맺어진 관계입니다. 그래서 가족은 나를 보듬고 위로해줄 수 있는 관계이면서, 한편으로는 서로에게 깊은 상처를 주는 관계이기도 합니다. 코로나19를 거치면서 전 세계적으로 가정폭력과 이혼이 급증했다는 웃픈 현실은 가족이란 관계에 대해 한층 더 깊은 성찰이 필요함을 말해주고 있습니다. 그렇다면 나를 포함한 가족 구성원 간에 요구되는 덕목은 무엇일까요? 아마도 그것은 부모와 자식, 형제자매들 간에 대가 없는 믿음, 곧 사랑이 아닐까요? 그래서 이번에는 가족에 대한 사랑이 감동적으로 그려진 우리 선인들의 시를 살펴보도록 하겠습니다.

애야, 좀 더 있다 가려믄

농가에 비가 내리지 않았던들
갈 사람을 오래도록 붙잡아 두었겠나.
자식 만나서 기뻐 취하고
묘시가 넘도록 달게 잤더니
냇물 불어 개구리밥 보에까지 붙고
바람 불어 꽃잎은 주렴을 치는구나.
내 시가 아직 안 되었다
자꾸만 타고 갈 말 챙기지 말렴.

不有田家雨 行人得久淹
불유전가우 　 행인득구엄
喜逢子孫醉 睡過卯時甘
희봉자손취 　 수과묘시감
川漾萍棲埭 風廻花撲簾
천양평서태 　 풍회화박렴
吾詩殊未就 莫謾整歸驂
오시수미취 　 막만정귀참

― 김시보(金時保), 「우중만장녀행(雨中挽長女行)」

첫 번째로 살펴 볼 한시는 모주(茅洲) 김시보(金時保, 1658~1734)의 「雨中

挽長女行(우중만장녀행)」, '빗속에 큰딸아이 가는 걸 만류하며'라는 작품입니다. 김시보(金時保, 1658~1734)는 본관이 안동(安東)이고, 자는 사경(士敬)이며 호는 모주(茅洲)입니다. 역시 조선후기 한시 쇄신을 이끈 백악시단의 일원으로서 시명(詩名)이 높았던 문인입니다.

시의 제목과 수련(首聯)의 내용을 보면 시집갔던 시인의 큰딸아이가 무슨 일인가로 친정을 찾았던 모양입니다. 출가외인(出嫁外人)이란 말이 있듯 조선시대 시집간 여성은 친정에 발걸음하기가 여간 쉽지 않았습니다. 친정 부모의 생신이나 제사, 농번기가 끝난 추석에나 시부모께 말미를 얻어 친정을 찾을 수 있었습니다. 그렇기에 친정을 찾은 딸아이는 더없이 반갑고 예쁩니다. 그래서 시인은 기쁜 마음에 술잔을 들었고, 그렇게 기분 좋게 늦은 단잠에 빠질 수 있었습니다.

시의 후반부입니다. 간밤 비가 아침까지 계속되어 보에까지 개구리밥이 붙고, 바람마저 불어 흩날리는 꽃잎이 주렴을 칩니다. 친정을 찾은 딸아이는 아마도 돌아갈 생각에 마음이 급했을 것입니다. 왜냐하면 며느리에게 허락된 친정나들이는 하룻밤을 넘기지 않는 게 일반적이기 때문입니다. 일반적 상황이었다면 하룻밤도 못 자고 시집으로 돌아갔을 텐데 비 때문에 하루를 유숙하게 되었으니 큰딸아이는 어서 돌아가야 한다는 생각에 마음을 졸였을 겁니다. 그래서 돌아갈 말을 서둘러 챙기고 있습니다. 그러나 아버지의 마음은 다릅니다. 시부모님 걱정이 염려스러워 서둘러 돌아갈 채비를 하는 딸아이. 그 마음을 십분 알면서도 아버지는 어여쁜 딸아이를 선뜻 보내고 싶지 않습니다. 그래서 이런 핑계를 대며 돌아가려는 딸아이를 붙잡습니다. '네가 떠난다 하니 내가 의당 전송시를 지어야 할 텐데, 아직도 시가 완성되지 않았구나. 조금만 더 있으려무나'하고 말입니다. 과연 시인은 시를 못 짓고 있었던 것일까요? 안 짓고 있었던 것일까요?

체면보다 귀한 딸 사랑

이 작품이 우리에게 감동으로 다가오는 것은 고금에도 변함없는 자식에 대한 부모의 애틋한 사랑을 진실하게 그려냈기 때문입니다. 지엄한 법도로만 따지자면, 시집으로 돌아갈 출가외인을 붙잡는 시인의 모습은, 말 그대로 올바른 아버지의 상은 아닐 것입니다. 만약 시인이 이런 생각에 구속되었다면 자식에 대한 각별한 정이 있더라도 가슴에 묻었을 것이고, 그랬다면 이 작품은 전하지 않았을 것입니다. 그러나 모주 김시보는 달랐습니다. 남들 눈에 보이는 체면보다는 딸아이를 조금이라도 더 보고 싶은 이 마음이야말로 진실하고 소중한 것이라 여겼기에 법도가 지엄했던 조선시대에, 이렇듯 딸자식에 대한 애틋한 마음을 표현한 작품을 남겼던 것입니다. 딸아이에 대한 애틋한 아비의 사랑이 꾸밈없이 진실하게 그려져 우리에게 깊은 감동을 주는 작품이라 하겠습니다.

사람도 꽃처럼 다시 필 수 있다면

얼마 전엔 이웃 아이와 함께 놀았는데

오늘은 이웃 아이만 홀로 왔구나.

봄바람에 고운 풀빛

어느새 못가 누대 뒤덮었는데.

昔與隣兒戲 隣兒今獨來
석 여 린 아 희   린 아 금 독 래

東風芳草色 忽復滿池臺
동 풍 방 초 색   홀 복 만 지 대

— 홍세태(洪世泰), 「유감(有感)」

이 시는 유하(柳下) 홍세태(洪世泰, 1653~1725)의 「유감(有感)」이란 작품입니다. 유하(柳下) 홍세태(洪世泰, 1653~1725)는 본관이 남양(南陽), 자는 도장(道長)이며 호는 창랑(滄浪)·유하(柳下)입니다. 중인 신분이었지만 타고난 시재(詩才)로 인해 김창협(金昌協), 김창흡(金昌翕), 이병연(李秉淵) 등 백악시단의 명사들과 교유하면서 조선후기 한시 쇄신을 이끌었던 문인입니다. 신분적 좌절 속에 평생을 가난하게 살았지만 그 울분과 불우감을 시 창작으로 승화하였고, 여항인(閭巷人)들의 시 모음집인 『해동유주(海東遺珠)』를 편찬하여 조선후기 여항문학을 본격화한 인물이기도 합니다.

이 작품은 봄날 고운 풀이 파릇한 못가에 어린 아이가 나와 노니는 모습을 포착하고 있어 언뜻 보면 봄날 풍경을 읊은 것인 아닌가 생각할 수 있습니다. 그러나 이 작품을 천천히 곱씹어 보면 시인의 형언할 수 없는 슬픔을 만나게 됩니다.

  시인의 시선은 지금 못가 누대에 있습니다. 그 못가는 봄바람이 다사롭고 신록 고운 풀들이 뒤덮고 있습니다. 그리고 그 못가에 이웃집 아이가 와 있습니다. 시인이 애써 참아왔던 눈물이 그 아이를 보는 순간, 터져 나옵니다. 얼마 전까지만 해도 이웃집 아이와 내 아이가 함께 노닐던 모습이 떠올랐기 때문입니다. 그렇습니다. 지금 내 아이는 여기에 없습니다. 이제는 저 이웃 동무와 함께 놀 수 없는, 먼 하늘나라로 떠났기 때문입니다.

  홍세태는 참으로 슬픈 삶을 살았습니다. 8남 2녀나 되는 자식들을 모두 자기보다 앞세운 피눈물 맺힌 삶이었습니다. 이 작품은 그렇게 세상을 떠난 아이를 떠올리며 피눈물로 쓴 시입니다. 물론 시 어디에도 눈물, 혹은 슬픔을 직접 드러내는 표현이 보이지 않습니다. 그러나 절절한 슬픔을 토로하는 대신 시인의 눈에 포착된 하나의 장면 속에 그 비통한 심정을 함축하고 있어 오히려 더 슬퍼지게 만드는 시입니다. 이 작품과 관련하여 홍세태의 문집에는 이 아이가 죽고 나서 피를 토하는 슬픔을 절절히 읊은 작품이 나란히 실려 있어 참조가 됩니다.

    나는 궁액(窮阨)에 빠진 뒤로
    생의 흥취는 말라 죽은 나무 같았지만
    그래도 네가 있어 입을 열었고
    늘 서글픈 마음을 위로 받았다.
    아! 네가 떠나간 지금

나의 하루하루는 더욱 고독해져

집에 들면 어디선가 네 목소리 들리는 듯

문 나서면 어딘가 있을 것만 같은 너를 찾게 된다.

무엇을 마주해도 늘 뽑혀 나오는 네 생각

마치 뱃속 가득 채워진 고치실 같은데

서글퍼라! 저 한 줌의 흙으로

네 넋과 뼈를 산발치에 묻었구나.

평생에 나를 멀리 떠난 적 없었는데

오늘 밤은 누구랑 함께 자느냐?

부질없이 절필(絶筆)의 글 남겼는데

예쁜 네 얼굴이며 눈동자가 아른거리네.

상자를 열어도 차마 볼 수가 없어

다만 눈물만 줄줄 흘릴 뿐이지만

까마득한 저 세상에서

네 어찌 내 곡소리 들을 수 있으랴!

自我罹窮阨　生趣若枯木　賴爾得開口　聊以慰心曲
嗟汝今已矣　令我日幽獨　入室如有聞　出門如有矚
觸物每抽思　如繭絲在腹　哀彼一抔土　魂骨寄山足
平生不我遠　今夜與誰宿　空留絶筆書　婉孌當面目
開箱不忍視　但有淚相續　冥漠九原下　爾豈聞我哭

― 홍세태(洪世泰),「술애(述哀)」

자신 삶은 궁핍해서 말라죽은 나무처럼 살 뜻이 없었지만, 그래도 아이가 있어서 입을 열었고 서글픈 마음을 위로 받았습니다. 그런 그 아이가 세상을 떠났습니다. 그렇기에 자식을 한 줌 차디찬 흙 속에 묻고 돌아왔지만 자식을 떠나보낼 수 없습니다. 그래서 시인은 '어디선가 도란도란 아이의 말소리가 들리는 것 같고', '문을 열고 나가면 골목 어디선가 아이들과 뛰어놀고 있을 것만 같다'고 하였습니다. 무엇을 보든 죽은 자식에 대한 생각이 마치 누에 뱃속의 고치실처럼 끊이질 않습니다. 아이를 묻고 오던 날 밤, 시인은 "평생에 나를 멀리 떠난 적 없었는데, 오늘 밤은 누구랑 함께 자니?"하며 피눈물을 쏟습니다. 이 작품은 아이의 죽음을 슬퍼하며 시를 짓는다는 의식 없이 마음에서 우러나온 대로 쓴 시입니다. 그렇기에 그 절절한 슬픔이 우리에게 그대로 전해질 수 있습니다.

　그런데 앞서 본 작품은 이 작품과 비교할 때 슬픔을 형상화한 방식이 다릅니다. 위 시처럼 자신의 슬픔을 장편의 시로 절절하게 토해내지 않습니다. "문을 나서면 어딘가 있을 것만 같은 너를 찾게 된다"고 했던 그대로, 시인의 눈에 든, 죽은 자식을 떠올리게 한 장면을 우리에게 보여주고 있을 뿐입니다. 그러나 그 담담한 듯한 말투 뒤로 이를 꽉 깨물며 눈물을 삼켰을 시인의 모습이 떠올라 더욱 눈시울을 붉히게 합니다. 다 말하지 않아도 더 잘 전달할 수 있는 한시의 특징을 잘 보여주는 작품이라 할 수 있겠습니다.

퇴촌 생태공원 / 필자 사진

더없이 가깝기 때문에 더 배려해야 하는 가족

앞서 본 두 편의 시는 우리에게 가족의 소중함에 대한 생각을 다시 한 번 하게 합니다. 김시보의 시는 딸아이를 더 보고 싶은 아버지의 진솔한 마음이 절로 우리를 따뜻하게 만드는 작품이었고, 홍세태의 시는 이제 더는 볼 수 없는 자식에 대한 지극한 슬픔이 우리를 눈물짓게 만드는 작품이었습니다. 두 작품 모두 가족에 대한 지극한 사랑을 담고 있는 작품들인데, 그 사랑은 공통적으로 사랑하는 대상이 결핍된 상태에 기초하고 있습니다. 죽은 자식에 대한 슬픔이야 물론이고, 친정에 온 딸에 대한 애틋한 정도 늘 함께 할 수 없는 결핍상태에서 발로 된 것입니다.

앞서 말씀드렸듯, 코로나19로 인해 가족 간 폭력이 심해지고 이혼이 급증하는 현실 속에서 이 작품들은 우리에게 가족의 소중함이 무엇인지를 다시 생각하게 합니다. 가족이란 우리 모두에게 더 할 수 없이 소중한 존재들이지만, 오히려 함께 하는 시간이 많아지면서 그 소중함을 망각하는 것 같습니다. 여러분, 늘 함께 있어 때론 지겹기도 한 사람이지만, 그 사람이 내게 없다고 한번 생각해보십시오. 그렇습니다. 그렇기 때문에 나와 나의 가족이 소중한 존재가 되기 위해서는 당연하다고 생각했던 관계맺음의 방식을 반성할 필요가 있을 것입니다. 이 혹독한 시기, 서로를 위로하며 보듬어주기 위해서는 가족이라서 더욱 배려하고 존중하는 자세가 필요하지 않나 생각해봅니다.

화곡(花谷) / 산수도(山水圖) / 국립중앙박물관

8. 나는 완전 바보, 그대는 반절 바보

김형술

벗이 더욱 소중한 때

코로나19로 인해 사람들을 만날 기회가 제한되면서, 우리들은 만남을 좀더 특별하게 인식하게 되었습니다. 서로가 서로에게 피해를 주지 않기 위해 만남의 기회를 줄여나가고 있지만, 그렇다고 무인도의 로빈슨 크루소가 될 수는 없습니다. 사람은 관계를 맺고 관계 속에서 소통하면서 자신의 정체성을 확인해가는 존재이기 때문입니다. 실제로 뉴스 기사에 따르면 코로나로 인한 봉쇄조치가 취해진 나라들에서, 친구와 마주할 기회를 잃은 청소년들의 우울증과 불안증이 눈에 띄게 증가했다고 합니다. 이처럼 친구와의 소통은 단순한 유희를 넘어 한 인간의 사회성을 정립해가는 과정

인 까닭에 고래로 벗과의 사귐은 대단히 중요한 가치로 여겨졌습니다. 《논어·안연》에는 "以文會友(이문회우), 以友輔仁(이우보인)"이란 말이 나옵니다. 이 말은 '학문으로써 벗을 모으고, 벗의 선함을 취해 자신의 인을 돕는다'는 뜻인데요. 주희는 이에 대해 "학문을 익혀서 벗을 모으면(講學以會友) 도가 더욱 밝아지고(則道益明), 벗의 선(善)을 취해서 나의 인(仁)을 도우면(取善以輔仁) 덕이 날로 진보할 것이다(則德日進)."라고 주석을 달았습니다. 다분히 윤리적 가치가 중시된 해석이지만, '벗'이란 존재가 '나'의 발전에 지대한 영향을 미친다는 점을 명확하게 짚고 있습니다. 이제 한시 작품을 통해 선인들이 보인 사귐의 한 모습을 살펴보도록 하겠습니다.

나는 완전 바보, 그대는 반절 바보

나는 완전 바보 그대는 반절 바보
오경에도 시를 지어 그댈 부르네.
기다려도 오지 않아 꿈에까지 찾았건만
그대 와서 읊조릴 적 나는 알지 못했노라.

我是全癡君半癡 五更呼喚句成時
아 시 전 치 군 반 치　오 경 호 환 구 성 시
待君不至重尋夢 君到吟詩我不知
대 군 부 지 중 심 몽　군 도 음 시 아 부 지

— 이병연(李秉淵), 「차사반치옹(次謝半癡翁)」

이 작품의 제목을 해석하면 '차운하여 반치옹에게 사과하다'라는 뜻입니다. 사천 이병연이란 인물에 대해서는 앞서 말씀 드린 바 있습니다. 시 제목에 언급된 '반치옹(半癡翁)'은 이병연의 벗 이태명(李台明)으로 반치(半癡)는 그의 호입니다. 이태명은 전주이씨(全州李氏)로 이병연의 부친인 이속(李涑)에게 수학하면서 이병연과 교유하게 되었는데 시도 잘하고 시조도 잘 불렀던 인물로 알려져 있습니다.

시인은 첫 번째 구에서 이태명의 호인 '반치(半癡)'를 장난스럽게 활용하여 자기는 '완전 바보(全癡)'이고, 이태명은 '반절 바보(半癡)'라고 하였습니다. 그리고 나머지 부분에 그 이유를 밝혔습니다. 두 번째 구를 보면, 시인은 오경이 다 돼서야 시를 완성하고, 기쁜 마음에 벗을 불러 함께 시를 수창하려 했던 모양입니다. 그런데 아무리 기다려도 반가운 벗은 오지 않습니다. 그래서 기다리다 기다리다 결국엔 잠이 들고 말았습니다. 3구의 '꿈에까지 거듭 찾았다(重尋夢)'는 표현은 기다리다 지쳐 잠이 들었고, 이태명의 꿈까지 꾸었다는 말로 깜박 잠이 들었다는 것을 재미나게 표현한 것입니다. 그런데 4구를 보면 이병연이 쿨쿨 자는 사이, 이태명이 찾아왔고, 이태명은 자고 있는 이병연을 앞에 두고 화답시를 읊었습니다. 이런 상황을 나중에야 알게 된 이병연은 겸연쩍고 미안한 마음에 '자기는 완전 바보'라 하면서 그 미안한 마음을 이렇게 시로 적어 전한다는 내용입니다.

이 시는 읽다보면, 기다리다 쿨쿨 잠이든 이병연의 모습과 그 앞에서 시를 읊는 이태명의 모습이 그려져, 절로 웃음이 터져 나옵니다. 친구를 불러놓고 친구가 온 줄도 모르고 쿨쿨 잠이 든 이병연. 그리 우아하거나 멋져보이는 모습은 아닙니다. 그렇다면 이병연은 왜 자신의 우스꽝스러운 모습을 시로 그랬을까요? 시를 다시 한 번 음미해보도록 하지요.

　시인은 새벽녘에야 시를 완성하였습니다. 이는 창작의 삼매에 빠져 날을 훌쩍 샌 것을 말합니다. 그런데 시인은 시 완성에 그치지 않고 절친한 벗, 이태명을 부릅니다. 이태명이야말로 자신의 작품을 제대로 알아 화답해줄 친구라고 생각했기 때문이었겠지요. 그런데 이태명은 바로 오질 않습니다. 왜 일까요? 새벽이라 아직 잠에서 깨지 않았기 때문일까요? 4구를 보면 답이 보입니다. 이태명이 즉시 오지 않은 것은 자신도 이병연의 시구에 화답할 만한 작품을 고심하고 있었기 때문입니다. 그러다 만족할 만한 시가 지어지자 이태명은 이병연을 찾습니다. 그런데 기껏 찾아갔더니 정작 이병연은 쿨쿨 잠이 들었습니다. 그러나 이태명은 자든 말든 아랑곳하지 않고, 시를 목청껏 읊조립니다.

체면을 벗어던진 진실한 사귐

　시에 그려진 두 사람의 모습은, 상식과 법도라는 측면에서 보면 모두 일탈된 모습입니다. 상식적인 사람이라면 누가 새벽에 시가 되었다며 친구를 부르겠습니까? 또 무례한 부름을 언짢아 할 만도 하건만 그 부름에 응하여 자고 있는 이병연을 앞에 두고 시를 읊은 이태명의 모습은 또 어떻습니까? 이 두 사람이 소위 상식과 예의를 벗어난 행위를 할 수 있었던 것은, 첫째 두 사람 간의 깊은 우정이 있었기 때문이요, 둘째는 이 두 사람이 상식을 넘어서는 창작에의 열정을 공유하고 있었기 때문입니다. 그렇기에

백은배(白殷培, 1820~1901) / **월야탄금도**(月夜彈琴) / 국립중앙박물관

　오경에 시를 지어 벗을 부르고, 또 그 벗은 자고 있는 벗 앞에서 시를 읊조릴 수 있었던 것입니다. 이렇듯 이 작품은 장난스러운 웃음을 빌어 두 노시인의 깊은 우정과 예술혼을 담아낸 작품이라 할 수 있습니다.

　이 작품에 그려진 두 시인의 사귐은 우리들에게 시사하는 바가 큽니다. 두 시인이 보인 예술적 교감은 진솔하고 깊은 사귐이 있었기에 가능한 것이었습니다. 이병연은 시를 통해 일탈도 멋진 일로 포장할 수 있음을 말하고자 한 게 아닙니다. 말하고 싶었던 점은 바로 벗 사귐의 진실함이었습니다. 가식과 허위로 꾸며진 사귐이 아니라, 설령 일탈적인 모습일지라도, 자신의 생각을 진솔하게 나눌 수 있는 그런 사귐이 중요하다는 것을 이 짧은 시편을 통해 우리에게 전하고 있는 것입니다.

신윤복(申潤福, 1758~?) / 혜원풍속도첩(蕙園風俗圖帖)의 **니승영기**(尼僧迎妓) / 국립중앙박물관

9. 딸아 딸아 고명 딸아

김승우

　지난 두 번의 시간을 통해서 오늘날 코로나 시대를 사는 우리들에게 교훈이 될 만한 고전시가 작품들을 살펴보았습니다. 지난 두 시간은 '일상'이라는 주제로 진행했는데, 세 번째, 네 번째 시간에는 '관계'라는 키워드로 함께 이야기 나누고자 합니다.

　사회적 거리두기가 필요한 코로나 시대에는 아무래도 홀로 지내는 시간이 많을 수밖에 없습니다. 바로 이런 때에 우리가 좀 더 생각해 보아야 할 것은 나와 너, 나와 친구, 나와 동료, 나와 이웃 등 우리가 여러 사람들과 맺고 있는 관계일 것입니다.

　수많은 관계 가운데에서도 가장 직접적으로 와 닿는 것은 역시 가족과의 관계입니다. 기쁠 때에도, 슬플 때에도 가족을 떠올리기 마련입니다. 가족과 관련된 사항은 비단 우리 문학뿐만 아니라 전 세계 어느 나라 문학에서도 흔히 발견되는 보편적인 내용입니다. 그만큼 가족은 우리 삶에서 빼놓을 수 없는 대상인 것이지요. 고전시가에도 역시 가족에 대한 정감과 애정을 표현한 작품이 다수 있습니다. 그 가운데 한 작품으로 「복선화음가(福善禍淫歌)」라는 가사(歌辭)를 살펴볼까 합니다. "딸아 딸아 고명 딸아"라는 제목에서도 짐작할 수 있듯이, 엄마가 시집가는 딸에게 당부하는 내용으로 구성된 작품입니다.

작품의 내용을 구체적으로 보기에 앞서서 우선 가사라는 갈래가 무엇인지 잠시 언급할 필요가 있겠습니다. 학창시절에 송강(松江) 정철(鄭澈)의 「관동별곡(關東別曲)」이나 「사미인곡(思美人曲)」과 같은 작품을 들어 보신 적이 있을 것입니다. 바로 정철이 가장 대표적인 가사 작가로 꼽히는 인물입니다. 가사는 4음보(音步) 율격(律格)으로 정연하게 말을 배치하여 작품을 짓는 조선 시대의 고전시가 양식입니다. 좀 더 풀어서 설명하면, 하고 싶은 말을 아무렇게나 늘어놓는 것이 아니라 한 줄을 네 개의 의미 뭉치로 구성하여 작품을 짓는다는 것이지요. 이 요건만을 지키면 작품의 분량이 얼마가 되든지 전혀 상관이 없습니다. 긴 사연을 풀어내는 데 적합하게 활용할 수 있는 갈래가 바로 가사인 것입니다.

'일상'이라는 키워드로 첫 번째, 두 번째 시간에 살펴보았던 시조(時調)와는 사뭇 상반된 미감을 가지고 있는 양식이 바로 가사입니다. 시조도 4음보 율격을 취하기는 하지만, 시조의 작자는 자신이 하고 싶은 말을 세 줄 안에 어떻게든 응축하고 집약해야만 합니다. 간결한 미감이 시조의 특징인 것이지요. 반면에 가사는 작자가 하고 싶은 말을 긴 호흡으로 모두 다 풀어낼 수 있는 갈래입니다. 가사도 시이기 때문에 일종의 질서는 지켜야 하지만 그 질서라는 것이 4음보를 맞추어야 한다는 것밖에 없습니다. 어떻게 시를 지을지 처음부터 고민해서 짓기보다는 일단 시작부터 하고서 충분히 하고 싶은 이야기를 다했다고 생각될 때 끝내면 되는 갈래가 바로 가사입니다.

우리나라 문학사에서 가사는 고려 말기부터 600여 년간 지속적으로 지어져 왔습니다. 현전하는 대부분의 작품은 조선 시대의 것인데, 조선 전기에는 양반 사대부가의 남성들만이 주로 가사를 짓다가 조선 후기인 18세기와 19세기에 이르게 되면 사대부가의 여성들도 가사의 주요 작자로 등장하게 됩니다. 조선 후기가 되면 여성들이 오히려 가사를 더 많이 짓게 되는데, 이처럼 사대부가의 여성들이 지은 가사 작품들을 통칭해서 '규방가사(閨房歌辭)'라고 부르고 있습니다.

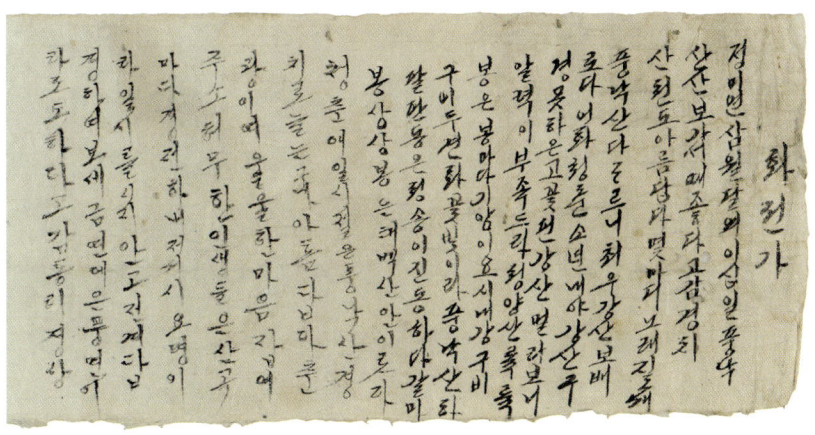

규방가사 「화전가」 / 한국가사문학관

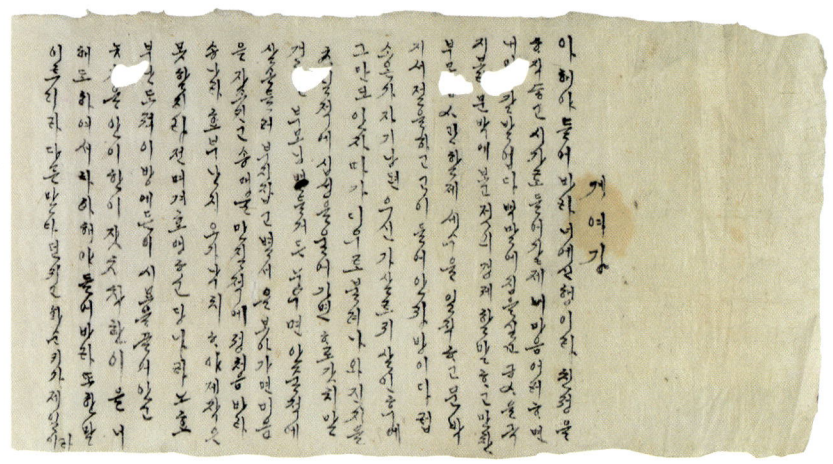

규방가사 「계녀가」 / 한국가사문학관

'규방'은 오늘날 흔히 쓰는 말로는 안방이라는 뜻입니다. 옛 시대의 남성들은 사랑방(舍廊房)이라는 공간에서 생활했습니다. 여기에서 접객(接客)을 했지요. 외부에서 손님이 찾아오면 이야기도 나누고 술 한잔 마시기도 했던, 그처럼 외부와 통하는 공간이 바로 사랑방이었습니다. 반면 안방은 여성들의 생활 공간이었습니다. 외부와 단절되어 있었고 주로 가족들과 지내거나 때로 홀로 지내기도 했던 공간이 바로 규방, 즉 안방이었습니다.

대개의 규방 여성들은 작품을 짓고 읽는 문학 활동을 전문적으로 하지는 않았기 때문에 지필묵(紙筆墨)조차 제대로 갖추고 있지 못했습니다. 양반 사대부가 남성이야 항상 글을 쓰니 종이, 붓, 먹, 벼루를 곁에 두고 살았지만, 여성들은 그렇지 않았습니다. 그래서인지 규방가사 작품이 적힌 종이들은 대체로 상당히 조악(粗惡)합니다. 거칠고 볼품이 없는 경우가 많지요. 쓰고 남은 종이나 버린 종이에 작품을 적었던 사례도 적지 않습니다.

더구나 작품을 소중히 다루지도 못해서 종이를 둘둘 말아 끈으로 묶어서 보관하고는 했습니다. 때문에 특히 경상도 지역에서는 규방가사를 '두루말이'라고도 많이 불렀습니다. 여성들이 글을 쓰는 문화가 아직 보편화되기 전이었던 것이지요. 그럼에도 불구하고 자신의 심회(心懷)를 어떻게든 표현해 보고자 했던 사대부가 여성들의 의지와 지향이 담긴 작품이 바로 규방가사입니다.

예전에 권영철(權寧徹) 교수님이라는 성실한 학자가 계셨는데, 권 교수님께서 발품을 팔아 가며 규방가사를 폭넓게 수합하신 후에, 그 부류를 크게 네 가지로 나누신 바 있습니다. 풍류소영류(風流嘯詠類), 신변탄식류(身邊歎息類), 사친연모류(思親戀慕類), 계녀교훈류(誡女敎訓類)가 그것입니다. 말이 좀 어렵고, 여기에서 자세히 살필 필요도 없기는 하지만, 규방가사에는 옛 시대 여성들의 삶이 반영되어 있기 때문에 간단하게나마 부류를 훑어보는 것도 좋을 듯합니다.

먼저 풍류소영류는 여성들이 소풍을 가서 지은 작품들입니다. 예전에 무슨 소풍이 있었겠느냐 싶겠지만 예전에도 봄날, 대개 단오(端午) 무렵에 하루 정도 사대부가 여성들이 들판에 나가 꽃구경하며 음식도 먹고 노래도 부르는 '화전(花煎)놀이'라는 소풍이 있었습니다. 그때 지은 작품들입니다. 다음으로 신변탄식류는 말 그대로 신변, 즉 자신들의 삶을 탄식하며 지은 작품들입니다. 바깥출입이 자유롭지도 않았고 가사노동, 시집살이, 남편의 외도 등으로 삶이 너무나 고달프니 자연스레 탄식이 터져 나왔겠지요. 사친연모류는 부모님을 그리워하며 지은 작품들입니다. '사친'은 부모님을 생각한다는 뜻인데 당연히 갓 시집온 여성들이 부모님을 많이 그리워했습니다. 계녀교훈류는 반대로 나이 지긋이 든 여성들이 지은 작품들입니다. '계녀'는 딸을 경계한다, 딸을 훈계한다는 뜻입니다. 교훈은 가르침이지요. 딸을 타이르며 가르치기 위해 지은 작품을 계녀교훈류라고 하는데, 아무 때나 짓는 것은 아니고 딸을 시집보낼 때 이 부류의 작품을 짓습니다. '출가외인(出嫁外人)'이라는 말에서도 알 수 있듯이, 예전에는 딸을 시집보내게 되면 딸과 연락하는 것이 쉽지 않은 경우가 많았습니다. 때문에 딸을 시집보낼 때 친정 어머니는 딸과 서글픈 작별을 하게 되는데 그때 건네주는 작품이 바로 계녀교훈류입니다. 어머니가 딸에게 보내는 마지막 당부라고 할 수 있겠습니다. 계녀교훈류는 작품 수가 워낙 많아서 그냥 '계녀가'라고 줄여서 부르기도 합니다. 이들 작품을 보면 조선 후기 여성들이 얼마나 힘든 삶을 살았는지 잘 드러납니다. 자기 자신이 그토록 힘겨운 삶을 살았기 때문에 딸 아이가 시집을 가서 또 얼마나 힘들어할지 걱정하는 엄마의 애틋한 심정이 작품 속에 담길 수밖에 없지요.

그 엄마는 자신의 엄마가 지어준 계녀가를 시집올 때 받았고, 그 엄마는 또 자신의 엄마에게서 계녀가를 받아 왔고, 이렇게 시집을 갈 때마다 대를 이어서 계녀가는 지어졌던 것입니다. 무척이나 슬픈 일이지요. 그렇다고 딸을 시집보내는 마지막 작별하는 자리에서 엄마가 펑펑 울 수도 없습니다. 그렇지 않아도 딸은 이제 곧 낯선 시집 생활을 해야 되니 가뜩이나 걱정이 많은데 엄마가 울면 딸의 마음은 오죽할까요. 그래서 엄마는 끝까지 의연하게 딸을 보내야 합니다. 이렇게 슬픔을 꾹꾹 참아 누르며 지은 작품이 바로 계녀가입니다. 슬픔을 표출하기보다는 시집에 가서 부디 처신을 잘해야 한다는 당부를 전달했던 것입니다.

   가사 갈래의 특성상 작품이 길기 때문에 전문(全文)을 볼 수는 없겠고, 계녀가 가운데 잘 알려진 「복선화음가」의 일부만을 살피도록 하겠습니다. 조선후기의 말이기는 하지만 이해를 돕기 위해 현대어로 바꾸어 인용합니다.

> 비단치마 입던 허리 행주치마 돌려 입고
> 운혜 당혜 신든 발에 석새 짚신 졸여 신고
> 단장 안에 묵은 처마 갈고 매고 개간하여
> 외 가지를 굵게 길러 성시(城市)에 팔아 오고
> 뽕을 따 누에 쳐서 오색 당사 고운 실을
> 유황 같은 큰 베틀에 필필이 짜낼 적에
>
> ―「복선화음가」

'복선화음가'에서 '복선화음'은 "하늘이 착한 자에게는 복을 주고 악한 자에게는 화를 준다."라는 뜻입니다. 딸에게 착한 행실은 어떤 것이고, 악한 행실은 어떤 것인지를 타일러 가르치기 위해 지은 작품이기에 이러한 제목을 달았던 것입니다. 작자는 '이씨 부인'이라고만 알려져 있는데,

아마도 경상북도의 사대부가 여성으로 추정됩니다.

이씨 부인은 딸을 마지막으로 보내며 어떤 얘기를 해 줄까 고민을 했겠지요. 그러다가 부인은 자신이 처음 시집을 왔을 때 어떤 일이 있었는지를 우리 딸에게 이야기해 주면 도움이 되겠구나라는 생각을 했던 것 같습니다. "시집에 들어가면 너무나도 낯설고 힘들겠지만 예전에 엄마도 같은 일을 겪었고 그때 이러이러하게 잘 버텨 냈단다."라는 자신의 체험을 전달하는 방식입니다.

위 내용을 보면 이씨 부인은 아마도 꽤 부유한 집안 출신이었던 듯합니다. '비단치마', '운혜', '당혜' 같은 말에서 이를 알 수 있습니다. 운혜(雲鞋)와 당혜(唐鞋)는 좋은 가죽신입니다. 비단으로 지은 옷을 입고 가죽신을 신고 시집에 왔는데, 뜻밖에도 시댁은 무척 가난한 집안이었습니다. 그리하여 그날부터 바로 일을 시작했다는 것입니다. 비단 치마 대신 행주치마를 둘러 입고, 가죽신 대신 억새로 엮은 짚신을 꼭 조여서 신었습니다. 실의에 빠져 좌절하기보다는 어떻게든 시댁을 일으켜 세울 방도를 첫날부터 모색했던 것이지요.

하지만 당시까지만 해도 아녀자가 할 수 있는 경제 활동은 지극히 제한되어 있었습니다. 더구나 시댁에는 경제 활동의 밑천으로 삼을 만한 가산(家産)도 턱없이 부족했지요. 이씨 부인이 그나마 찾아내었던 방법은 집안 마당이라도 개간해서 농사를 짓는 것이었습니다. 얼마나 열심히 일했던지 마당에서 지은 농사이지만 소출(所出)은 꽤 만족스러웠던 듯합니다. '외'는 오이입니다. 오이와 가지를 굵게 길러내어 성시(城市), 즉 성곽 안에 있는 시장에 내다 팔았다고 하였습니다.

  그러나 이것만으로는 아무래도 부족하여 농사짓는 틈틈이 베틀로 비단을 짜기도 합니다. 누에 치기, 실 뽑기, 옷감 짜기를 홀로 감당했던 것입니다. 아마 낮에는 농사를 짓고 밤에는 옷감을 짰겠지요. 그야말로 밤낮 없이 일을 하여 시댁을 부유하게 만들고 자녀들도 남부럽지 않게 길러 내었다는 이야기를 하고 있습니다. 그처럼 험난한 일도 엄마는 이겨 내었으니, 시댁에서 어떤 일이 있더라도 부디 난관을 잘 헤쳐 나가야 한다는 당부를 딸에게 전했던 것입니다.

> 딸아 딸아 고명 딸아 괴똥어미 경계하고
> 너의 어미 살을 받아 세금결시 이른 말은
> 부디 각골 명심하라
> 딸아 딸아 울지 말고 부디 부디 잘 가거라
>
> ―「복선화음가」

  작품의 끝부분에서는 딸에게 마지막 당부와 인사를 전하고 있습니다. '너의 어미', 즉 자기 자신과 '괴똥어미'라는 인물을 대비하였습니다. '복선화음'이라는 말을 설명하면서 이야기하였듯이, 「복선화음가」는 딸이 본받아야 될 사례와 경계해야 될 사례를 잇달아 제시하여 딸에게 교훈을 주고자 하였는데, 본받아야 하는 쪽은 이씨 부인 자신이고, 경계해야 하는 쪽은 괴똥어미라는 이웃 여인입니다. 작품에 보면 괴똥어미는 이씨 부인과 정반대의 삶을 살았던 인물입니다. 시댁 식구들이 자신을 못살게 군다고 집안일도 하지 않고, 자식도 제대로 기르지 않고, 늘 술을 마시며 불평만을 했던 사람이 괴똥어미입니다. 그저 "착하게 살고 악행을 저지르지 말거라."라는 통상적인 교훈을 제시하는 것보다 매우 구체적인 사례를 들어 딸을 일깨우는 것이 당연히 훨씬 효과적인 방법입니다.

마지막 줄은 역시 가장 하고 싶었던 말이었겠지요. "울지 마라.", 언제 다시 볼지 모르니 "부디 잘 가거라."라는 엄마의 마지막 목소리입니다. 규방가사 자료를 보면, 두루마리 모퉁이가 닳거나 찢겨 있는 경우가 많습니다. 오랜 시간이 흘러서이기도 하지만, 또 한편으로는 계속 펴 보고 펴 보고 해서 종이가 해진 것이기도 합니다. 특히 계녀가의 경우가 그렇습니다. 계녀가는 친정 엄마가 생각날 때마다 펴 보게 되니까요. 엄마의 숨결을 느낄 수 있는 물품이 바로 이 계녀가이기 때문입니다. 엄마가 얼마나 보고 싶었을지 짐작게 하는 단서라고 할 수 있겠습니다.

'관계'라는 키워드로 「복선화음가」의 일부를 살펴보았는데, 시간을 내어 한 번쯤 작품 전문을 읽어 보실 것을 권장합니다. 또한 오늘은 작품 자체보다도 규방가사, 그 가운데에서도 계녀가라는 부류에 대해 더 많은 이야기를 하였습니다. 가족의 소중함을 되새기는 계기가 되었기를 기대하며 세 번째 시간을 마치도록 하겠습니다.

10. 느낄 일도 많고 많아

김승우

　고전시가 작품을 바탕으로 진행하는 세 번째, 네 번째 시간에는 '관계'에 관련된 이야기를 하고 있습니다. 코로나 시대에는 홀로 지내야만 하는 시간이 많기 때문에 그동안 유념하지 않았던 타인과의 관계를 다시금 생각해 볼 필요가 있겠습니다. 지난 시간에는 어머니가 딸을 시집보낼 때 지어서 건네주는 가사(歌辭) 작품인 계녀가를 보았는데, 오늘은 갈래상으로는 똑같이 가사이지만 조금은 다른 견지에서 타인과의 관계를 생각해 볼 수 있는 작품을 선정하였습니다.
　우리는 흔히 남들에 대해서 어떤 선입견(先入見)을 갖기 마련입니다. "이 사람은 이러한 것을 좋아할 것이다.", "저 사람은 저러한 삶을 살아야만 한다.", "보편적으로 인간이란 이러해야 한다." 등등의 얘기를 많이 하고 많이 듣게 됩니다. 내가 지니고 있는 선입견에 따라서 타인의 삶을 쉽사리 재단(裁斷)하고 타인의 삶을 함부로 규정짓는 경우가 많은데, 바로 이러한 과정에서 그 대상이 되는 사람은 마음에 큰 상처를 받고는 합니다. 타인의 입장에서 생각해 보기, 이른바 역지사지(易地思之)의 자세가 절실한 때입니다.

가령, 남들이 생각하는 행복의 기준과 내가 생각하는 행복의 기준은 분명 다를 수 있습니다. 다른 사람들이 모두 행복한 삶이라고 규정하는 요소들에 나는 별반 흥미를 느끼지 못할 수도 있고, 반대로 불행한 삶이라고 여기는 요소들에 특출하게 관심을 가질 수도 있습니다. 남의 시선과 나의 시선, 남의 기준과 나의 기준은 얼마든지 다를 수 있는 것이지요. 만일 남들의 시선으로 나의 삶을 평가하고 규정하려 한다면 우리는 큰 스트레스를 받을 수밖에 없습니다. 부모와 자식 사이의 관계에서 이러한 갈등이 종종 빚어지고는 합니다. "너는 의사가 되어라, 판사가 되어라, 그래야만 행복한 삶을 살 수 있다."라고 부모님은 이른바 '보편적인' 기준을 들어 자녀들을 계도하려 하지만, 자녀 입장에서는 자신이 하고 싶은 또 다른 일이 얼마든지 있을 수 있습니다. 이렇듯 타인의 삶에 관해서 깊이 생각하지 않고 무심코 내뱉은 말이 있지는 않은지, 그 때문에 상대방의 마음을 상하게 한 적은 없는지 되짚어 보면 좋겠습니다.

이 같은 측면에서 다루어 볼 수 있는 고전시가 작품으로 「노처녀가(老處女歌)」라는 아주 도발적인 가사가 있습니다. 타인의 시선 때문에 고통받는 이가 세상을 향해 어떠한 이야기를 하고 싶어 했을지 이 작품을 읽으며 함께 생각해 보고자 합니다. '노처녀가'는 말 그대로 '노처녀의 노래',

'노처녀가 자신의 심정을 토로한 노래'라는 뜻인데, 조선 후기에 큰 인기를 누렸던 작품으로 알려져 있습니다. 특정한 고전문학 작품이 당시에 얼마나 인기가 있었을지를 판단하는 척도는 이본(異本)의 개수입니다. 이본이란 기본적으로는 똑같은데 세부 구절이 좀 다르게 되어 있는 작품을 의미합니다. 예전에는 저작권이 없었기 때문에 마음대로 작품을 베껴서 노래하거나 읽고는 했습니다. 작품이 인기가 없으면 그냥 한 종류만 남게 되는 것이고, 인기가 있으면 작품을 베끼고 베끼는 과정에서 소소한 변개가 일어나 여러 이본이 쌓이게 되는 것이지요. 「노처녀가」는 이본이 상당히 많은 작품이고 19세기에는 특히 더 많은 인기를 누렸던 것으로 알려져 있습니다.

> 인간세상 사롬들아 이니 말숨 드러 보쇼
> 천지만물 삼긴 후에 초목금수라도 쫙이 잇다
> 인간에 숨긴 남녀 부부자손 갖것마는
> 이니 팔자 험(險)꾸즐손 날 갓흔 니 쏘 잇난가
> 백년을 다 살아야 삼만 육천 일이로다
> 혼주살이 천년 살면 정녀(貞女) 되야 만년 살˂
> ― 「노처녀가」

가사 작품답게 전문이 꽤 길어서 다 살필 수는 없겠고 주요한 내용만을 짚어 보겠습니다. 작품의 주인공 '노처녀'는 나이 40이 되도록 아직 결혼

하지 못한 양반가의 규수(閨秀)입니다. 요즘에는 결혼 시기가 늦어져서 40이면 그렇게까지 늦은 나이는 아닌데 예전에는 대개 20세 전에 결혼을 했기 때문에 당시 기준으로 40세면 아주 늦은 나이입니다. 다만 이 노처녀가 결혼을 하지 못한 것은 본인의 선택에 의한 것이 아닙니다. 결혼을 안 한 것이 아니라 그야말로 결혼을 못한 것입니다. 자신의 의지에 의한 것이 아니라 타인의 판단에 의해 결혼을 못한 것인데, 바로 그러한 사정을 짐작케 하는 내용이 작품 초두부터 나오고 있습니다.

"세상 사람들아, 나의 말을 들어 보시오."라고 세상을 향해 외칩니다. "천지의 만물이 생겨난 후에 초목금수라도 짝이 있다."라고 하였습니다. 세상이 창조된 이래로 풀, 나무, 날짐승, 길짐승조차도 모두 다 남녀의 짝이 있다는 당연한 말을 하고 있습니다. 하물며 만물의 영장(靈長)인 인간 남녀가 부부의 연을 맺어 자손을 낳는 것은 지극히 자연스러운 일이지요. '삼기다'는 '생기다'라는 뜻이고, '갖것마는'은 '갖추었건마는'이라는 뜻입니다.

그러나 정작 노처녀는 이러한 자연의 순리에서 벗어나 있습니다. '험꾸즐손'은 '험한 것'이라는 뜻입니다. "팔자가 험한 것이 나와 같은 이가 또 있겠는가?"라고 자탄하였습니다. 어차피 인간의 수명은 한정되어 있습니다. 관습적으로 인간의 수명을 백년이라고 일컬어 왔습니다. 그 백년을 온전히 다 산다고 해도 삼만 육천 일을 넘기지 못하는데 그동안에라도 즐겁게 한 평생을 살아야 하거늘 자신은 그렇지 못하다는 것이지요. '혼자살이', '정녀' 같은 표현이 노처녀의 현재 삶을 집약적으로 보여

줍니다. 이토록 외롭게 살아간다면 천년만년을 산들 무슨 의미가 있겠느냐는 것입니다.

> 답답ᄒ 우리 부모 가난ᄒ 좀양반이
> 양반인 체 된 체ᄒ고 처사(處事)가 불민(不敏)ᄒ야
> 괴망(怪妄)을 일삼으니 다만 ᄒ 쌀 늙어간다
> (…)
> 원수(怨讐)의 아해들아 그런 말 ᄒ지 마라
> 앞집에ᄂ 신랑 오고 뒷집에는 신부 왓네
> 니 귀에 듯ᄂ 보ᄂ 늣길 일도 ᄒ고 만타
>
> ─「노처녀가」

 이어지는 부분에서 노처녀가 결혼을 하지 못한 이유가 직접적으로 제시됩니다. 부모에 대한 원망이 아주 짙게 표출된 부분입니다. 부모를 '답답하다'라고 하고 '좀양반'이라고도 칭했습니다. '좀양반'은 '좀스러운 양반', '보잘것없는 양반'이라는 뜻입니다. 그다지 지체가 높지 않은 몰락 양반이라는 것이지만, 그래도 어쨌든 양반은 양반이지요. 18세기에 연암(燕巖) 박지원(朴趾源)이라는 유명한 문인이 「양반전(兩班傳)」이라는 작품을 썼는데 거기 보면 원래는 양반 가문 출신이지만 경제적으로 어려워서 양반의 지위를 상민(常民)에게 파는 정도에까지 이른 몰락 양반이 등장합니다. 실제로 조선 후기에 들어 양반들이 몰락하는 경우가 속출합니다. 조상이

정승(政丞)이나 판서(判書) 같은 높은 직위에 있었어도 세대가 지나면 점차 점차 가세가 기울어서 완전히 몰락한 지경에 내몰리게 되는 것이지요. 노처녀의 집안이 바로 그러했던 것입니다.

문제는, 노처녀의 부모가 영예로웠던 옛날 생각만 하면서 '우리 집안은 대단한 조상을 배출한 명문가이니 혼사도 역시 명문가와 치러야 한다.'라고 생각했던 것입니다. 그래서 노처녀가 결혼을 하지 못한 것이지요. 이제는 제대로 된 양반 집안도 아니건만 양반인 체하면서 젠체를 하니 노처녀의 속은 까맣게 타들어 갑니다. 부모님은 세상이 어떻게 변하는지도 모르고 옛날만을 생각하니 일 처리가 제대로 될 리 없지요. '불민(不敏)'은 영리하지 못하다는 뜻입니다. 심지어는 자신을 명문가에 시집보내려는 부모님의 행태를 괴이하고도 망측하다고 비판하였습니다. 어떤 명문가에서 몰락한 집안과 사돈을 맺으려 할까요? 그 사이에 딸은 속절없이 늙어만 갑니다.

하지만 부모님의 생각과는 달리 노처녀의 소망은 아주 소박합니다. 고관대작(高官大爵) 집안의 자제를 만나 혼인을 해야겠다는 생각이 전혀 없습니다. 그저 자신의 뜻에 맞고 자신을 사랑해 주는 낭군이라면 지체는 상관없었던 것입니다. 그와 단란한 가정을 꾸리고 아이 낳아 잘 기르면서 행복을 찾으려고 했을 뿐입니다. 그런데 부모님이 너는 명문가에 출가(出嫁)해야만 행복해질 수 있다고 전제하고서 끝내 마흔이 다 되도록 노처녀를 누구와도 결혼시키지 않았던 것입니다.

그러니 노처녀의 눈과 귀에 보이고 들리는 것은 앞집과 뒷집에서 치러지는 혼사입니다. 이웃집의 처녀, 총각은 때에 맞추어 시집, 장가를 가는데, 마을에서 오로지 노처녀만 홀로 남겨져 쓸쓸한 삶을 살고 있습니다. '내 삶만 왜 이렇지?'라고 느끼면서 생각이 많아질 수밖에 없는 상황이지요. 남들이 정해 놓은 기준에 따라 규정된 삶이 얼마나 절망적인가를 단적으로 보여 주는 사례입니다. 앞서 언급하였듯이 「노처녀가」는 여러 이본이 있다고 하였는데, 어떤 이본에는 노처녀가 너무도 시름겨워 한 나머지 실성을 하는 장면이 나오기도 합니다. 상황 자체는 슬프지만, 작품에서는 희작적(戲作的)으로 다소 우스꽝스럽게 이 부분을 표현해 놓았습니다.

> 남이 알가 부끄러우나 안 슬픈 일 하여 보자
> 홍두깨에 자를 매여 갓 씌우고 옷 입히니
> 사람 모양 거의 같다 쓰다듬어 세워 놋코
> 새 저고리 긴 치마를 호기 있게 떨쳐 입고
> 머리 우에 팔을 들어 제법으로 절을 하니
> 눈물이 종행하야 입은 치마 다 적시고
> 한숨이 복발하야 곡성이 날 듯하다
>
> ―「노처녀가」이본

남이 보면 부끄러운 일이기는 하지만, 견디기 어려울 만큼 큰 이 슬픔을 어떻게든 풀어낼 일을 해 보자고 자기 자신을 다독이고 있습니다. 다듬이

질할 때 쓰는 홍두깨에 자를 묶어 매어서 사람 키만큼 되는 높이로 만들어 놓는 거기에 갓을 씌우고 남자 옷을 입혀서 스스로 혼례를 올렸던 것입니다. 노처녀는 너무나도 혼사를 치르고 싶고 자신이 원하는 낭군과 결혼만 하면 그것으로 충분한데, 부모님이 끝내 고집을 꺾지 않으니 이런 일까지 벌이게 된 것입니다.

물론 결국에는 이러한 가상의 혼례가 부질없다는 것을 깨닫게 되지요. 그래서 눈물이 치맛자락에 주룩주룩 흐르고 한숨이 뱃속 깊은 곳에서 곡소리처럼 터져 나오게 됩니다. 너무나도 힘든 삶을 살아가는 노처녀의 모습이 애처롭게 느껴집니다.

이처럼 「노처녀가」를 보면 타인의 삶을 함부로 규정짓는 것이 얼마나 위험한 일인지 돌이켜볼 수 있습니다. 늘 우리는 '내가 이렇게 생각하니 남도 그렇게 생각할 것이다.'라고 전제하고서 남에게 나의 기준을 강요하지만, 내가 생각하는 것과 남이 생각하는 것 사이의 간극(間隙)이 우리가 짐작하는 것보다 훨씬 클 수도 있습니다. 이 점을 잘 고려하면서 타인과 관계를 맺어 가야만 할 것입니다. 앞으로 코로나가 종식되면 남들과 다시 대면하면서 활발하게 관계를 맺게 될 텐데 그때 어떤 자세로 나의 가족에게, 동료에게, 이웃에게 다가가야 할지 찬찬히 생각해 보는 기회가 되었기를 바라면서 네 번째 시간을 마치도록 하겠습니다.

11. 고슴도치도 제 새끼는 함함하다

백진우

우언(寓言)

이번 시간에는 조선후기 중인 출신 문인인 장혼(張混, 1759~1828)이라는 분의 글을 소개하고자 합니다. 이 분의 글에는 동물과 관련한 우리말 속담 하나와 고사성어 하나가 나옵니다. 우리말 속담에는 고슴도치가 등장하고, 고사성어에는 까마귀가 등장합니다.

이렇게 동물에 빗대어서 특정한 이치를 설명하는 글을 우화(寓話) 또는 우언(寓言)이라고 합니다. 우리에게 잘 알려져 있는 우언으로는 이솝우화가 있습니다. 아마 여러분들도 어렸을 적에 한 번씩은 읽어보셨으리라 생각합니다. 오늘은 장혼이라는 분이 어떤 동물을 통해서 어떤 교훈을 전달하고자 했는지 함께 보도록 하겠습니다.

고슴도치도 제 자식은 예뻐한다

이야기의 시작에는 과객(過客)이 등장합니다. 사실 '지나가는 나그네'라는 표현을 사극(史劇)에서 많이들 보셨을 텐데요, 이는 '역전앞'이나 '상갓집'처럼 중복된 표현이라고 할 수 있습니다. 그런데 바로 이 '지나가는 나그네'가 바로 '과객'입니다. 교훈을 주고자 하는 옛글을 보면 이런 방식으로 손님과 주인의 대화가 많이 나옵니다. 혼자서 자신의 이야기를 전할 수도 있습니다만, 대화 형식을 빌려옴으로써 자신의 주제를 좀더 정확하게 전달하고자 하는 의도적인 설정이라고 볼 수 있습니다. 글의 시작 부분을 함께 보겠습니다.

> 문 앞을 지나던 어떤 나그네가 이야기를 들려주었다.

방금 말씀드렸듯이 어떤 나그네가 이야기를 들려주고, 글쓴이는 그 이야기를 들은 것처럼 글이 시작됩니다. 과객은 두 개의 에피소드를 말해 줍니다. 하나는 고슴도치와 관련한 얘기이고, 다른 하나는 까마귀와 관련한 얘기입니다. 먼저 고슴도치와 관련한 이야기를 함께 보겠습니다.

> 일전에 밭도랑을 사이에서 조그만 짐승이 눈앞에 지나갔습니다.

모습은 쥐와 같은데 털이 갈라져 가시와 같았습니다. 농부에게 어떤 짐승이냐고 물었더니 이렇게 대답하더군요. 고슴도치라 하는 짐승입니다. 털이 뾰족하여 바늘과 같은데, 가시로 오이를 찔러 먹고 삽니다. 털에 살짝 닿기만 해도 손을 다치기에 아무도 감히 가까이 가려는 이가 없습니다. 그런데도 우리 속담에는 고슴도치가 새끼를 기를 적에 그 어미가 혀로 새끼 등을 핥으면서 '곱고 곱구나. 우리 새끼처럼 부드럽고 고운 털이 없구나.'라고 한다는 말이 있습니다. 괴이합니다! 이렇게 새끼를 끔직하게 아끼는 짐승이라니요.

우리 속담에 "고슴도치도 제 자식은 함함하다 한다."라는 말이 있습니다. 그러고 보면 이 속담의 유래가 참 오래된 것 같습니다. 조선시대 사람들도 고슴도치라는 동물을 신기하게 여겼던 것 같습니다. 조선시대에 고슴도치를 그린 그림이 많이 남아 있기 때문입니다. 특히 오이밭에서 자신의 등에 달린 가시에 오이를 찔러서 도망치는 그림이 유명합니다. 일종의 오이서리라고 할 수 있겠습니다.

방금 속담에서 '함함하다'라는 표현이 나왔는데요. 사실 이는 흔하게 쓰는 표현은 아닙니다. 저도 일상 대화에서 사용해본 적이 없는 것 같습니다. 사전에서 이 표현을 찾아보면 '털이 보드랍고 반지르르하다'라고 표현하고 있습니다. 본문에서 이 털에 대해 '살짝 닿기만 해도 손을 다친다'라고 하였으니, '함함하다'의 의미와 얼마나 차이가 나는지 알 수 있습니다. 게다가 어미는 그 털을 혀로 핥으면서 '곱고 곱다'라고 얘기한다고

김홍도(金弘道, 1745~?) / **화조영모도**(花鳥翎毛圖) / 국립중앙박물관

합니다. 이런 이야기를 듣고 나서도 주인은 그냥 빙그레 웃고 맙니다. 그래서 나그네는 에피소드를 하나 더 꺼내놓습니다.

음식 기다리는 까마귀

> 과객이 또 말했다. 마침 느릅나무를 보니 늙은 까마귀가 저녁 풍경을 바라보며 날개를 접고 앉아 있더군요. 그 새끼가 먹을 것을 가져다 바치자 까마귀가 먹이를 받아 즐겁게 오물거리더군요. 심합니다. 새가 자기 편한 대로 사는 것이.

두 번째 이야기는 까마귀에 대한 이야기입니다. 오늘날 일반적으로 까치는 길조(吉鳥), 까마귀는 흉조(凶鳥)로 알려져 있습니다. 하지만 옛글을 보면 까마귀는 흉조가 아니라, 효성을 아는 착한 새로 인용되고 있습니다. '반포지효(反哺之孝)'라는 고사성어를 들어본 적 있으실 텐데요. 바로 이 고사성어가 까마귀의 효성을 가리키는 표현입니다.

나이가 들면 자기 한 몸 건사하기도 쉽지 않습니다. 젊을 때야 자신의 앞가림을 직접 할뿐더러 자식들을 건사하고 나이든 부모도 봉양할 수 있습니다. 그런데 나이가 들고 나면 그저 자식들이 봉양해주기를 기다릴 뿐입니다. 나그네는 나이든 까마귀가 직접 노력하지 않고 자식들이 건네주는 음식을 받아먹기만 하는 모습이 영 마뜩지 않다고 여긴 것 같습니다.

그런데 까마귀 이야기를 듣고 나서도 주인은 여전히 빙그레 웃고만 있습니다. 나그네는 화가 납니다. 자기 딴에는 재미있는 이야기를 들려주었다고 생각했는데, 주인이 빙그레 웃고만 있을 뿐 아무런 대답이 없었기 때문입니다. 그래서 나그네는 왜 비웃고만 있냐고 따집니다. 그제서야 주인이 이렇게 대답합니다.

> 그대의 말을 비웃은 게 아니라 두 짐승의 본성이 나와 무척 비슷하기에 웃은 것입니다. 저에겐 아들 둘과 손자 셋이 있는데, 착하고 모자라고를 따지지 않고 그저 감싸고 품어 기르면서도 혹여 그들 성에 차지 않을까 걱정합니다. 그러니 고슴도치가 제 자식을 아끼는 모습과 무척 비슷합니다. 그리고 제가 늙고 곤궁해진 이후로 제 몸 하나 건사할 근력이 없고 우두커니 선 채로 머리나 긁적이면서 어슬렁거립니다. 집안의 아녀자들에게 세끼 밥이나 달라고 하면서 어린애들에게 먹을 거리나 달라고 합니다. 그러니 까마귀가 음식 기다리는 일과 다를 게 있겠습니까? 아! 짐승이나 새나 사람이나, 종류는 달라도 그 본성은 비슷합니다. 그래서 웃었습니다.

주인의 말이 바로 이 이야기의 결론입니다. 나이가 들어 자식들을 대하는 자신의 모습이 나그네가 말한 고슴도치, 까마귀의 이야기에서 보이는 모습과 별반 차이가 없다는 이야기입니다. 자신이 나이 들어 보니까 자신의 자식이나 손주는 그저 예쁘게만 보입니다. 그리고 늙은 자신이 직접 밥을 챙기지 못하니까 집안의 아녀자들이 밥을 해주기만 머리를 긁적이며 기다린다고 합니다. 그런데 이런 관계는 어디까지나 자신과 가족에게나 해당하는 말이겠지요.

그래서 저는 이 이야기를 보면서 요새 한창 화제가 되고 있는 노키즈존(No Kids Zone)이 떠올랐습니다. 아마 여러분들도 들어보셨을 겁니다. 아이들이 식당이나 공공장소에서 활개를 쳐도 부모들이 제어를 하지 않으니까 업주들이 아이들이 들어올 수 없도록 조치를 취한다고 합니다.

제가 최근에 학생들에게 글쓰기 과제를 내준 적이 있습니다. '권리끼리 충돌하면 누가 이길까?'라는 과제였습니다. 그런데 많은 수의 학생들이 노키즈존을 주제로 과제를 작성했습니다. 아마 그만큼 예민하게 느끼는 주제이기 때문이 아닐까 합니다.

내 자식은 그저 예쁘게만 보입니다. 아무리 못생겨도 예쁘게 보이고, 아무리 험한 짓을 해도 개구쟁이처럼 귀엽기만 합니다. 다른 이들에게 피해를 끼쳐도 그저 남들이 이해해주기를 바랍니다. 하지만 이는 어디까지나 자기 자식이기 때문에 관대해지는 일입니다. 다른 사람의 자식이 같은 행동을 한다면 예쁘게 보일 리가 만무합니다.

우리가 살아가면서 마주하는 수많은 관계도 마찬가지입니다. 자기 위주로만 생각한다면 결코 상황을 객관적으로 바라볼 수 없습니다. 관계라는 것은 처지를 바꾸어 생각할 때 비로소 객관적으로 볼 수 있습니다. 그래야만 서로가 서로를 이해할 수 있는 원만한 관계가 지속되리라 생각합니다.

김득신 (金得臣, 1754~1822) / **반상도** (班常圖) / 북한평양조선미술관

12. 네 덕을 차마 잊으랴

백진우

제문(祭文)을 짓는다는 것

이번 시간에는 조선후기 실학자로 잘 알려져 있는 이익(李瀷, 1681~1763)이 남긴 글을 함께 보겠습니다. 제목은 「제노문(祭奴文)」입니다. 제문(祭文)은 사람이 세상을 떠나고 난 뒤에 제사를 지낼 때 적는 글입니다. 그 사이에 '노(奴)'라는 글자가 있는데요, 이 '노'자는 노비를 뜻합니다. 그러니까 노비를 위해 지어준 제문이라고 할 수 있습니다.

세상이 변하면서 장례의 의미나 절차도 많이 바뀌고 있습니다. 당장 제 기억만 하더라도 20년 전쯤, 제가 20대일 때 장례식장에 가면 무척 떠들썩했습니다. 친구나 친척들이 밤새 자리를 지키면서 밤새 화투를 치기도 했습니다. 그때는 그런 풍경이 잘 이해가 가지 않았습니다. 하지만 당시 어른들의 말씀을 떠올려보면 그렇게 시끌벅적하게 시간을 함께 보내는 일이 가족을 잃은 유족(遺族)들을 위로하는 방법이라고 했던 기억이 있습니다.

이제는 저도 나이가 나이인지라 결혼 청첩(請牒)을 받는 일보다 부고(訃告)를 받는 일이 더 많아지고 있습니다. 그런데 최근에 장례식장에 가보면 관습이 많이 달라졌음을 느낍니다. 일단 의자에 앉을 수 있도록 리모델링을 한 곳이 많아졌습니다. 예전에는 바닥에 앉아서 식사를 하고는 했었는데, 지금은 테이블에 의자를 두고 앉는 곳이 많습니다. 문상객들도 굳이 오래 머물지 않는 것 같습니다. 문상을 간단히 하고 식사만 마친 후에 귀가하는 분들이 많습니다. 장례식장에서도 자정 이후로는 조문을 받지 않는 곳이 많습니다. 불을 모두 끄고 유족들이 쉴 수 있도록 배려하는 곳이 많아졌습니다.

장례 및 제사와 관련해서 중요한 글이 있습니다. 바로 제문입니다. 요새는 사극(史劇) 또는 시대극(時代劇)에서나 볼 수 있는 일입니다만, 옛날에는 장례를 치르거나 제사를 지낼 때 제문을 낭독하며 망자(亡者)의 넋을 달래는 일이 무척 중요한 절차였습니다. 제문에서는 망자에 대한 그리움과 안타까움을 담거나, 망자가 생전에 얼마나 훌륭한 사람이었는지를 주로 적습니다.

관혼상제(冠婚喪祭)를 통과의례(通過儀禮)라고 합니다. 사람이 태어나서 죽을 때까지 반드시 거쳐야만 하는 중요한 의식이라는 의미를 담고 있습니다. 그런 중요한 의식인 제례에 쓰는 글이니만큼 제문은 무척 큰 의미를 갖습니다.

노비에게 바치는 제문

그런데 이렇게 제문을 써주는 일도 사실 사대부 사이에서나 있을 법한 이야기입니다. 노비에게 제문을 써준다는 일은 쉽게 상상하기 어려운 일입니다. 그런데 이익은 노비에게 제문을 써주었습니다. 글의 제목 자체가 '제노문(祭奴文)', 즉 노비를 제사 지내는 글입니다. 아마도 실용적인 학문을 중시했던 실학자(實學者)로 잘 알려진 이익의 성향이 이와 같은 글을 짓는데 영향을 끼치지 않았을까 짐작합니다. 기존 관습에 얽매인 여느 사대부로부터는 이런 경우를 찾기가 쉽지 않습니다.

여러분들도 잘 알고 계시다시피 조선시대에 노비의 지위는 무척 하찮았습니다. 사람 대접을 제대로 받지 못하는 초라한 삶이었습니다. 그렇기 때문에 노비를 위해서 제문을 짓는다는 건, 그 행위 자체가 상당히 이례적인 일이었습니다. 어떤 면에서는 동료 사대부들로부터 손가락질을 받을 수도 있었던 일이었습니다. 그 글의 시작 부분이 조금 특이하게 되어 있습니다. 시작 부분을 함께 보겠습니다.

> 우리나라에서 주인과 노비의 관계를 비교하자면 군주와 신하의 관계와 마찬가지이다. 그러나 군주는 신하에 대해서 벼슬을 내려 귀하게 해주고 녹봉을 주어 먹여 살리니 그 은혜가 이미 크다. 그러니 군주에게 은혜갚기를 생각하지 않는 이가 잘못이다. 주인은 노비에 대해서 추위와 굶주림도 면하게 해주질 못하고 힘든 일만 시키면서, 화가 나면 형벌을 주고

기쁠 때에는 상도 주지 않는다. 그러다 조금이라도 거스르는 일이 있으면 충성스럽지 못하다고 꾸짖는다. 이는 어째서인가?

조금 전에 말씀드렸듯이 노비를 위해 제문을 써주는 일 자체가 특이합니다. 그런데 내용은 더 특이합니다. 사실 이 앞부분은 논변류 산문과 유사하게 되어 있습니다. 논변류 산문은 특정한 이치를 전달하거나 시비(是非)를 따지는 산문입니다.

그래서 일반적인 제문에서처럼 상대방의 처지에 대해 서술하는 대신, 당시 조선시대 주인과 노비의 관계에 대해서 군주와 신하의 관계에 비유하여 그 옳고 그름을 따지고 있습니다. 따라서 글 전체의 형식은 제문이지만, 이 앞부분만을 놓고 보면 주인과 노비 사이의 관계에 대해 따져보는 논변류의 글이라 할 수 있습니다.

그렇다면 이익이 따져보고자 하는 일이 과연 무엇이었을까요? 군주와 신하의 관계가 주인과 노비의 관계와 다를 바가 없다는 것입니다. 그 관계는 다를 바가 없지만 신하가 받는 대접과 노비가 받는 대접에는 큰 차이가 있다고 봅니다. 신하는 군주로부터 벼슬도 받고 녹봉도 받지만 노비는 그렇지 않습니다. 아무런 대가(代價)도 받지 못하고 그저 벌만 받고 꾸지람만 듣습니다. 이익은 바로 이러한 모순적인 상황을 이해하지 못했던 것입니다. 사실 대부분의 사람들은 이와 같은 노비의 모습을 너무도 당연한 일이라고 생각했을 것 같습니다. 날 때부터 익숙한 신분 체제에 길들여져 있기 때문에 노비의 삶이란 원래 그런 모습이라고 치부했을 겁니다. 이어지는 내용에서는 이러한 모순적인 상황을 더욱 적나라하게 비판합니다.

> 신하가 군주를 섬기는 것은 명령에 따라 분주하게 계획하는 일에 불과하지만, 노비가 주인을 섬기는 것은 진창과 잿더미에 드나들며 매를 맞고 욕을 먹는 일이 다반사이니, 실상은 원수나 다름이 없다. 그리고 군주가 죽으면 신하는 머리를 풀어헤치지 않으나 노비는 그 주인의 처자와 마찬가지로 머리를 풀어헤친다. 신하가 죽으면 군주가 조문을 하고 제문을 보내는 예가 있으나, 노비가 죽으면 주인이 슬퍼하지도 않고 제사상에 술 한 잔 부어주지도 않으니, 이는 어째서인가?

앞서보다 더욱 구체적이고 세부적인 예시를 들고 있습니다. 세부적인 상황을 따져보면 따져볼수록 더욱 이해가 가지 않는다고 합니다. 신하는 어찌되었든 자신의 출세를 위해 충성을 합니다. 하지만 노비는 출세와 아무런 관련도 없습니다. 심지어 더욱 험한 일도 많이 합니다. 일은 일대로 하고, 매는 매대로 맞고, 욕은 욕대로 먹습니다.

의무에 있어서도 이해가 가지 않는다고 합니다. 예를 들어 군주가 죽으면 신하는 산발할 의무가 없습니다. 그런데 주인이 죽으면 노비는 처자식과 마찬가지로 산발을 하고 예를 갖춰야만 합니다. 그 반대의 예를 하나 더 들고 있습니다. 신하가 죽으면 군주가 조문을 하고 술을 보내서 예를 갖춘다고 하였습니다. 그런데 노비가 죽어도 주인은 애도를 표하지도 않고 술 한 잔 부어주지 않는다고 하였습니다.

사실 조선시대에는 노비가 죽으면 그 죽음을 슬퍼하는 대신 자신의 재산을 잃었다고 아까워하는 이들이 많았다고 합니다. 그러고 보면 이익의 비판이 지나친 것도 아니라는 생각이 듭니다. 조선시대의 노비는 그야말로 의무만 많고 권리는 하나도 없는 이들이었습니다. 일방적이어도 너무 일방적인 관계였다고 할 수 있습니다.

네 덕분에

이렇게 글 앞쪽에 노비의 억울한 처지에 대해 길게 얘기한 후에 비로소 제문을 적게 됩니다. 글의 뒷부분에 가서야 노비에 관한 이야기가 나옵니다.

> 내 전장(田莊)을 관리하던 노비가 있었다. 죽은 지 몇 해가 지나 우연히 그곳을 지나다가 물어보니 무덤에 제사를 지내지 않은 지 오래 되었다고 하였다. 이에 글을 지어 제를 올린다. "아무 달 아무 날에 성호노인이 옛 노비 아무개의 무덤에 제사를 지낸다. 아! 나라의 옛 풍속에 주인과 노비의 관계를 군주와 신하의 관계에 비유했다. 그러나 군주가 어질어 신하가 은혜를 갚는 것은 당연하지만, 주인이 박대하면서 노비에게 충성을 바라는 것은 도대체 어떤 이치인가! 너는 평생 부지런히 윗사람을 힘들게 받들어 모셨기에 내 실로 네 덕을 많이 보았다. 어찌 차마 잊겠는가!

아마도 자신을 모시던 노비가 죽은 뒤 몇 해가 지난 뒤에 있었던 일인 것 같습니다. 쓸쓸하게 버려진 노비의 무덤을 보고서 이익은 그냥 지나칠 수가 없었습니다. 몇 해 동안 아무도 제사를 올려주지 않은 그런 쓸쓸한 무덤이었습니다. 그래서 자신이 가지고 있던 고마운 마음을 제문에 담아 글을 짓습니다.

> 이 일을 남들이 본다면 필시 나를 비웃을 것이다. 그러나 인정이 여기에 있으니 이렇게 함이 옳겠구나!

글의 마지막 부분입니다. 남들이 보면 노비를 위해 제문을 지어주는 일 자체가 비웃을 만한 일이라는 사실을 이익도 잘 알고 있었습니다. 양반이 노비를 위해 제문을 짓는다는 것 자체가 당시 관습으로는 이상한 일이라는 사실을 이익도 잘 알고 있었던 것입니다. 그럼에도 불구하고 이처럼 글을 남긴 것은 바로 인정(人情), 즉 사람이라면 본래 가지고 있는 당연한 마음씨이기 때문이라고 하였습니다. 여기서 이익의 마음 씀씀이를 오롯이 볼 수 있습니다.

오늘날 우리가 세상을 살아가면서 자신 외에 주변을 돌아보지 않는 경우가 상당히 많습니다. 사실 우리 사회가 잘 돌아갈 수 있는 건 우리 사회 곳곳에서 자신의 일을 묵묵히 해주는 분들이 있기 때문입니다. 물론 오늘날은 조선시대와 달라서 주인과 노비와 같은 신분제가 남아 있지는 않습니다. 하지만 사회에 기여하는 일에 비해서 제대로 된 대우를 받지 못하고 살아가는 분들이 너무도 많습니다. 우리가 서로 돌아보지 않는다면, 그리고 그 권리에 대해 아무도 생각하지 않는다면 인정(人情)을 내버리는 일과 마찬가지가 될 것입니다. 특히 코로나19라는 어려운 상황 속에서, 자신보다 더 어려운 분들을 한 번 더 돌아보는 시간을 가졌으면 합니다.

전주대학교HK+지역인문학센터
|교|양|총|서|2|

제3장
공감

13. 닮아 미안해
14. 어찌 저런 철면피가
15. 이도 옳고 저도 옳고
16. 내 맘 같아서
17. 내 마음 알아주는 벗이 있지
18. 내 마음, 누가 알아주랴

전 이교익(傳 李教翼 1807~?) / 화첩(畵帖) / 국립중앙박물관

13. 닭아 미안해

김형술

따뜻한 세상을 위한 공감

우리는 앞에서 코로나19로 인해 달라진 우리의 일상, 그리고 관계를, 새롭게 만들어가는 데 혜안을 제공해 줄 멋진 작품들을 만났습니다. 이제는 새로운 일상, 새로운 관계를 만들어가는 데 필요한, 어쩌면 가장 핵심적인 역량이라 할 수 있는 '공감'에 대해 생각해보려고 합니다.

닭아 미안해

첫닭 울고 둘째 닭 울더니

작은 별, 큰 별 떨어진다.

문을 들락거리며

조금씩 행인은 채비를 하네.

一鷄二鷄鳴　小星大星落
일계이계명　소성대성락

出門復入門　稍稍行人作
출문부입문　초초행인작

나그네 새벽 틈타 떠나렸더니

주인은 그냥 보내질 않네.

채찍 쥐고 주인에게 감사 인사를 하니

닭만 괜스레 번거롭게 했구나!

客子乘曉行　主人不能遣
객자승효행　주인불능견

持鞭謝主人　多愧煩鷄犬
지편사주인　다괴번계견

— 이병연(李秉淵), 「조발(早發)」

이 작품은 사천 이병연 「일치감치 떠나려다가」라는 작품입니다. 첫 번째 수를 먼저 보도록 하지요. 닭 한 마리 울더니, 또 한 마리가 따라웁니다. 날이 밝아올 무렵, 닭들이 울기 시작합니다. 날이 밝아오면서 별들은 빛을 잃고

사라지기 시작합니다. 표현이 마치 동요나 동시처럼 느껴지지 않나요? 시를 멋지게 쓰겠다는 의식이 전혀 느껴지지 않습니다. 대신, 무언가 경쾌하면서 재미날 것 같은 느낌이 들지요? 그럼 닭 한 마리, 닭 또 한 마리 울고, 작은 별, 큰 별 떨어지는 새벽에 시인은 무엇을 하고 있을까요? 조금씩 행인은 떠날 채비를 합니다. 첫 번째 수에는 새벽녘 길을 떠나려는 나그네의 모습이 그려져 있습니다. 시의 제목인 「조발」과 관련된 시적 상황이 펼쳐져 있지만, 왜 닭에게 미안한 것인지는 아직 감이 오지 않습니다. 이제 두 번째 수를 보시지요.

  1구를 보면, 나그네는 새벽을 틈타 떠나려고 했답니다. 그런데 2구를 보면, 주인은 그냥 보내지 않는다고 합니다. 어째서 일까요? 행간에 숨은 뜻은 무엇일까요? 첫 번째 수와 연결시켜 천천히 생각해보지요. 나그네는 왜 닭이 울기 시작하고, 별이 떨어지기 시작하는 새벽을 틈타 떠나려고 했을까요? 여러 가지 이유가 있을 테지만, 결국은 주인 몰래 떠나려고 했던 겁니다. 그렇다면 왜 주인 몰래 떠나려 했고, 주인은 또 왜 그냥 보내지 않는 걸까요?

닭에게 미안했던 이유?

  힌트가 3구에 있습니다. 지편사주인(持鞭謝主人). 시인은 결국 채찍을 쥐고 주인에게 감사 인사를 하고 떠나게 됩니다. 시가 3구에 이르러 함축되었던 뜻들이 온전히 살아나게 됩니다. 행간에 감추어져 있던 시적 정황은 이렇습니다. 시인은 나그네로 떠돌던 중, 어젯밤 어느 집에 하루를 머물게 되었

김홍도(金弘道, 1745~1816 이후) / 나루터(津頭待舟) / 국립중앙박물관

습니다. 집에 머물게 된 나그네에게 주인은 정성과 호의를 다해 편의를 봐주었을 것입니다. 그렇게 주인 덕에 하룻밤을 유숙한 시인은 동이 틀 때까지 있을 수가 없습니다. 왜냐하면 아침 때가 되면 또 다시 주인에게 폐를 끼치게 되기 때문입니다. 그래서 주인이 잠들었을 새벽을 틈타 길을 나서려고 했던 것입니다. 그런데 닭이란 놈이 울어대면서 주인은 잠에서 깨었고, 떠나려던 시인을 보고는 '식사도 안 하시고 어딜 가세요, 그렇게는 안 됩니다.' 면서 시인을 붙잡습니다. 결국, 시인은 주인의 호의에 응하지 않을 수 없었고, 식사 후 '어제부터 오늘 아침까지 정말로 감사합니다'라고 제대로 인사를 하고서 길을 나서게 됩니다. 그러면서 '결국 이럴 거였으면, 괜히 부산을 떨어서 닭만 잠을 못자게 만들었구나'라며 주인에 대한 감사의 마음을, 닭에 대한 미안한 마음으로 넌지시 돌려 표현하였습니다.

  이 작품은 나그네와 주인이 서로를 배려하고 그것에 감사하는 마음이 따뜻하게, 그리고 흐뭇하게 그려진 작품입니다. 혹 주인이 깰까 까치발을 하고서 짐을 챙겼을 나그네의 마음과, 아침도 안 드시고 그렇게는 못 보낸다는 주인의 마음이 참으로 훈훈합니다. 그리고 그 감사한 마음을 '닭아, 미안해' 하며 넌지시 돌려 표현한 데서 흐뭇한 미소가 지어지는 작품입니다. 상대를 존중하고 배려하는 마음이 유머러스하면서도 따뜻하게 그려진 작품이라 할 수 있겠습니다.

장승업(張承業, 1843~1897) / 화조영모어해도(筆花鳥翎毛魚蟹圖) / 국립중앙박물관

14. 어찌 저런 철면피가

김형술

 공감이라는 주제로 우리 선인들의 작품을 더 살펴보도록 하지요. 앞선 본 이병연의 작품이 주인과 나그네의 마음 따뜻한 공감을 보였다면, 이번에 볼 김창흡의 작품은 사회의 부조리 앞에서 마땅히 분노할 줄 아는, 그런 공감을 보여줍니다.

오늘날 염치는 삽사리 뱃속에

열네 번째
오늘날 보건대 염치는
삽사리 배속에나 있네.

늘 제 밥그릇이나 긁을 뿐

부엌을 향해 앉지도 않는구나.

其十四
今日看廉恥　青狵肚裏存
금일간렴치　청방두리존

尋常櫟釜際　不欲向廚蹲
심상력부재　불욕향주준

— 김창흡(金昌翕), 「갈역잡영(葛驛雜詠)」

  이 작품은 삼연 김창흡이 쓴「갈역잡영(葛驛雜詠)」이라는 연작시 가운데 열네 번째 수입니다. 삼연(三淵) 김창흡(金昌翕;1653~1722)은 자는 자익(子益), 호는 삼연(三淵), 시호는 문강(文康)입니다. 서릿발같은 기상으로 청에의 굴복을 반대했던 김상헌(金尙憲)의 증손이고, 영의정을 지낸 김수항의 셋째 아들이며, 또 노론 4대신의 한 사람이었던 김창집(金昌集), 그리고 조선후기 낙론을 이끌었던 김창협(金昌協)의 동생입니다. 부친과 큰형이 사화로 죽은 뒤로 일체의 출사를 포기하고 시문 창작과 성리학 연구에 일생을 보낸 인물이자 백악시단을 실질적으로 출범시키고 이끌었던 인물로 조선후기 문인들에게 문장과 성리학으로 큰 영향력을 미쳤습니다.

  작품의 제목인「갈역잡영(葛驛雜詠)」은 '갈역에서 이것저것을 읊다'로 풀이 할 수 있습니다. 김창흡은 59세(1711년)에 강원도 인제에 갈역정사를 짓고 살았는데, 그 때 이곳에서 자연과 인생에 대한 사유과 상념을 시로 표현한 것이 이 작품입니다. 시체를 달리하며 같은 제목으로 모두 392수의 연작시를 지었습니다. 김창흡의 「갈역잡영」은 노년에 이른 김창흡의 시적 정수를 보여주는 작품입니다. 「갈역잡영」은 시적 소재를 비시적(非詩的)인 것까지 확대시킨 것은 물론, 자연과 인생에 대한 깊은 사유, 사회에 대한 환멸과 불평 등을 일체의 꾸밈없이 드러내었습니다.

시의 전반부에서 시인은 매우 파격적인 메시지를 말합니다. 오늘날 염치는 삽사리 뱃속에나 있다고 합니다. 염치가 무엇입니까? 염치란 부끄러움을 살핀다는 말로 인간과 금수를 구분짓게 하는 덕목입니다. 그런데 시인은, 오늘날엔 그 염치가 사람에겐 없고, 금수인 삽사리 뱃속에 있다고 합니다. 곧, 오늘날 사람은 개만도 못하다는 것입니다. 그럼 왜 이런 파격적인 말을 하는 걸까요?

3구와 4구에 그 이유가 있습니다. 시인은 삽사리를 오랫동안 관찰했던 모양입니다. 그런데 삽사리를 보고 있자니, 밥그릇이 비었을 때도, 제 밥그릇 주변만 발로 긁을 뿐, 사람들의 음식이 있는 부엌을 향해 앉지도 않더라는 겁니다. 즉, 삽사리는 저한테 주어진 것만 먹을 뿐, 아무리 배가 고파도 제 것 아닌 것에 욕심을 내지 않는다는 말입니다. 그러면서 오늘날 부끄러움을 아는 마음, 즉 염치지심은 사람이 아닌 저 삽사리 뱃속에나 남아있다고 한 것입니다.

여러분, 노시인이 작품을 통해 이렇듯 매섭게 일갈하는 이유는 무엇이겠습니까? 네, 그렇습니다. 바로 시인은 부조리한 현실을 마주하면서 부조리한 현실이 공명하고 정당한 사회로 변하기를 바라고 있기 때문입니다. 그래서 개와 인간을 대비적으로 둔 채, 제 것 외에는 욕심을 내지 않는 개를 통해, 제 것은 당연하고 남의 것도 내 것이어야 하는 인간의 탐욕을 부각시켰습니다. 그리고는 '인간이 탐욕을 버리려면 염치가 있어야 하는데….' 하면서 인간이면 마땅히 지녀야 할 염치의 회복을 말한 것입니다.

  노시인은 이렇듯 자신이 속한 현실을 있는 그대로 마주합니다. 남보기 우아하게 꾸미려 하지 않습니다. 오히려 남보기 불편하지만, 불편한 그대로의 현실을 이야기합니다. 그것이 진실이지요. 그리고, 시인은 불편한 사실 폭로에만 그치지 않습니다. 이 부조리한 현실을 어떻게든 바로잡아야겠다는 생각을 하고 있습니다. 바로 이 점이 이 짧은 시가 지닌 깊이이자 힘입니다. 노시인의 카랑카랑한 음성이 들리는 듯한 이 작품은 오늘을 살아가는 우리에게도, 당신이 마주한, 혹은 마주할 부조리 앞에서 공정함을 회복하기 위해서 당당하게 마주하라 권하고 있습니다.

K-방역과 염치(廉恥)

  코로나19가 장기화되면서, 물론 다른 나라에 비해서는 상대적으로 덜하다고 하지만, 아이를 여행가방에 가둬 숨지게하거나, 아이들과 동료가 먹는 음식에 불순물을 넣은 어느 유치원 교사의 사건 등 충격적인 사건들이 일어나고 있습니다. 물론 범죄를 저지른 사람이야 더 말할 것이 있겠습니까? 그런데 이런 범죄가 우리 사회에서 지속적으로, 최근 더 자주 발생하는 이유는 무엇일까도 생각해보아야 합니다. 그리고 이 문제를 우리 사회가 안고 있는 구조적인 문제의 수준까지 확장하여 살필 때, 비로소 해결의 실마리도 마련될 수 있지 않을까 합니다.

이와 관련하여 개인적 차원에서도, 사회적 차원에서 우리가 곱씹어볼 가치가 바로 염치가 아닌가 합니다. '차마 그런 짓은 말아야지 하는 생각'이 개인의 윤리를 이끌고, 그 생각들이 모여 사회적 윤리를 만들어가며, 나아가서는 그런 염치지심을 지닌 사람들이 사회의 부조리를 감시하고 새로운 가치를 만들어갈 수 있습니다.

사실 K-방역이 지금까지도 전세계적인 모범이 되고, 우리나라가 이렇듯 방역에서 독보적인 모습을 보여주는 데에는 여러 가지 원인들이 있을 것이지만, 저는 이 가운데 우리 국민 모두의 마음 속에 있는 '염치를 아는 마음'이 아주 핵심적 역할을 했다고 생각합니다. 제 아무리가 정부에서 구체적인 계획을 세우고 동참을 호소한들, 개인들이 동의하지 않는다면 모두 무용지물일 따름입니다. 그러나 국가에서 원칙을 정하고 동참을 호소하는 것은 모든 나라에서 할 수 있는 것입니다. 그런데 그것에 호응하여 성과를 내고 있는 것은 우리를 비롯한 대만, 홍콩, 싱가폴 등 아시아권 국가들입니다. 저는 여기에 유학에 기반한 염치지심의 발로가 크게 작용했다고 생각합니다.

'예의염치'란 말이 아무런 감동도 주지 못한채 당위로만 규정되던 때가 있었습니다. 그리고 그 당위적 예의염치는 자연스럽게 우리 사회에서 가치를 잃어갔습니다. 그런데 요즘을 보고 있자면, 염치란 가치는 개인과 공동체의 가치 조화가 문제가 될 때 아주 중요한 역할을 할 수 있다는 생각이 듭니다. 서구 국가의 어떤 이들이 마스크 쓰지 않을 권리를 주장할 때, 우리는 거의 모두가 자발적으로 마스크를 썼던 것은, 나의 감염이 우려되는 측면도 있지만 내가 남에게 피해를 주어서는 안 된다는, 곧 그런 행위는 차마 해서는 안 되는 부끄러운 행위라는 생각이 있었기 때문입니다.

이런 점에서 오늘 본 김창흡의 시는 코로나19의 힘겨운 시기를 지나고 있는 우리에게 염치라는 가치에 대해, 나아가 우리가 새롭게 만들어갈 개인과 공동체의 가치에 대해 많은 생각을 하게 합니다.

작자미상 / 개(犬圖) / 국립중앙박물관

김형술 _ 어찌 저런 철면피가

전조영(傳趙榮, ?) / 전조영석필 송하도요도(傳趙榮祏筆松下道遙圖) / 국립중앙박물관

15. 이도 옳고 저도 옳고

김승우

    고전시가 작품들을 통해 '일상'과 '관계'라는 문제를 네 시간에 걸쳐 생각해 보았습니다. 이제 다섯 번째, 여섯 번째 시간에는 '공감'이라는 주제로 작품을 다루어 볼까 합니다. 공감이란 서로를 이해하는 마음이지요.

    어느 시대이든 위기 상황이 닥치게 되면 평탄했던 삶이 무너지고 새로운 현실에 맞닥뜨려야 합니다. 그리고는 이내 "상황을 이 지경으로 만든 자는 도대체 누구인가?", "누가 책임지고 이 상황을 극복해 나갈 것인가?", "어떤 대책이 이 상황을 해결하는 데 효과적인가?" 등등의 문제를 두고서 크든 작든 다툼이 일어나기 마련입니다. 요즘 우리가 살고 있는 코로나 시대에도 이 같은 갈등을 흔히 발견할 수 있지요. 그렇다면 선인들의 시대에는 어떠했는지 고전시가 작품을 통해 살펴보고자 합니다.

월산사(月山祠) 전경 / 함평군청 문화관광체육과

칠실(漆室) 이덕일(李德一, 1561~1622)이라는 인물이 지은 「우국가(憂國歌)」라는 연시조 작품이 있습니다. '일상' 키워드를 다룰 때 살펴보았던 윤선도와 안민영의 작품이 속한 갈래가 바로 시조였는데 3행으로 작품이 종결되는 무척 짧은 양식입니다. 시조는 한 수만 짓기도 하지만 때로는 여러 수의 작품을 묶어서 연작을 이루기도 합니다. 이렇게 여러 수를 묶은 시조 작품을 연시조라고 합니다. 이덕일은 하고 싶은 얘기가 너무도 많았는지 무려 28수나 되는 연시조를 짓고 그 제목을 '우국가', 즉 '나라를 걱정하는 노래'라고 붙였습니다. 나라를 걱정하는 마음이 이만저만이 아니었던 것이지요.

이덕일은 문신(文臣)으로서의 삶과 무신(武臣)으로서는 삶을 모두 살았던 다소 독특한 경력을 지닌 인물입니다. 조선 시대에는 동반(東班), 즉 문반(文班)의 길을 걷거나 서반(西班), 즉 무반(武班)의 길을 택하는 것이 일반적인데, 크나큰 위기 상황을 맞이하여 이덕일은 문반에서 무반으로 전향하였습니다. 위기 상황이란 우리 역사에 큰 상처를 남긴 전란인 임진왜란(壬辰倭亂)입니다. 전쟁 전까지는 유가(儒家) 경전을 읽는 선비였던 이덕일은 이토록 참혹한 현실에서 한가롭게 책을 보고 있을 수는 없다고 생각하여 곧 무예를 익혀 무과(武科)에 급제하게 됩니다.

정유재란(丁酉再亂)까지 포함하면 임진왜란은 7년에 걸쳐 지속되었습니다. 이덕일은 이 기간 동안에 완연히 무신으로 탈바꿈하였던 것이지요. 그는 피난민을 모아 의병(義兵)을 조직하여 왜군을 격퇴하는 등 지형을 잘 활용한 전술로 큰 전공을 세우게 됩니다. 나중에는 우리가 잘 알고 있는 충무공(忠武公) 이순신(李舜臣, 1545~1598)의 막하(幕下)에서 활동한 바도 있습니다. 전라남도 함평(咸平)에 월산사(月山祠)라는 사당이 있는데, 지금도 이곳에서는 이순신과 이덕일을 함께 제향(祭享)하고 있습니다.

그런데 국가적 위기를 맞아 이렇게 분투했던 이덕일은 전쟁이 끝나자 이내 당쟁(黨爭)의 희생양이 되고 맙니다. 당쟁은 붕당(朋黨)들 사이의 다툼을 이야기합니다. 오늘날의 정당(政黨)과 비슷한 집단이 붕당인데요, 조선시대에는 정치적 견해뿐만 아니라 인맥(人脈)이나 학맥(學脈)에 의해서도 붕당이 결집되어 있었기 때문에 종종 그 폐단이 심각하게 나타나고는 하였습니다.

임진왜란에서 큰 공을 세웠던 이덕일조차도 이 당쟁을 피해 가기는 어려웠습니다. 낙심한 이덕일은 모든 관직을 내려놓고 낙향(落鄕)하여 은거를 하게 되는데, 이 기간에 자신의 울분을 담아 지은 연시조 작품이 곧 「우국가」 28수였던 것입니다. 「우국가」는 이덕일의 문집인 『칠실유고(漆室遺稿)』에 수록되어 전합니다. 이 작품에는 일종의 내러티브, 즉 이야기가 녹아 있습니다. 아주 정연하게 이야기가 전개되는 것은 아니지만, 내 삶이 어떠했는지, 내가 왜 이 작품을 쓰게 되었는지, 내가 하고 싶은 말은 무엇인지 등이 빠짐없이 제시됩니다. 첫 수에서부터 이러한 특징을 발견 할 수 있습니다.

학문(學文)을 후리티오 반무(反武)을 ᄒᆞ온 ᄯᅳᆺ은
삼척검(三尺劍) 둘러메오 진심보국(盡心報國) 호려터니

> ᄒᆞᆫ 일도 ᄒᆞ옴이 업ᄉᆞ니 눈물계워 ᄒᆞ노라
>
> ―「우국가」제1수

여기에서는 자신의 삶에 대한 회고가 나타납니다. 초장에서 "학문을 후려치고"라고 했습니다. "학문을 그만두고"라는 뜻입니다. 임진왜란 전까지 이덕일은 유가의 경전을 읽었습니다. 유생(儒生)으로서 문신 관료가 되려는 삶을 살았지만 전쟁을 맞이하여 반무를 했다는 것입니다. '반무'는 반대로 무에 입문했다는 의미입니다. 그처럼 급박하게 생애의 목표를 바꾼 이유는 '진심보국'이라는 말에 응축되어 있습니다. 마음을 다하여 나라에 보답한다는 것이지요. 자신이 나라를 위해 무엇을 할 수 있을지 생각하니 학문을 추구하는 것보다는 칼을 들고 왜적을 막는 편이 보다 긴요하다고 여겼던 것입니다. '삼척검'은 3척(尺) 길이의 칼입니다. 1척은 30cm가 약간 넘는 길이이니, 3척이면 1m 가까이 됩니다. 상당히 긴 칼이지요.

이처럼 이덕일은 헌신적인 삶을 살았습니다. 공도 혁혁했습니다. 그런데 종장에 보면 '한 일', 즉 하나의 일도 한 것이 없어서 눈물겹다고 한탄하였습니다. 아무 일도 이루지 못했다는 것인데 이것은 일종의 겸사(謙辭)라고 볼 수 있겠습니다. 또는 자신이 그토록 목숨을 바쳐 싸웠지만, 돌이켜 생각해 보니 아무 보람이 없다는 뜻으로 해석할 수도 있겠습니다. 수많은 희생을 치르면서 나라는 겨우 보전하였으나, 전후 국면을 수습하고 나라를 안정시키는 데 매진해야 할 관료들이 당쟁이나 일삼으며 허송세월하고 있는 세태를 너무나도 안타깝게 여겼던 것입니다. 반무까지 하면서 나라를 지켜내었건만 마치 아무것도 한 일이 없는 것처럼 그 의미가 퇴색(退色)되었다는 한탄을 제1수에서 읽어낼 수 있습니다.

> 어와 셜운디오 싱각거든 셜운디오
> 국가(國家) 간위(艱危)를 알 니 업서 셜운디오
> 아모나 이 간위(艱危) 알아 구중천(九重天)의 슬오쇼셔
> ―「우국가」제6수

제6수도 마찬가지입니다. 여기에서는 그간 무슨 일이 있었는지를 조금 더 언급하였습니다. 초장에서부터 '서럽다'고 토로합니다. 생각할수록 그 서러움이 더해지기까지 합니다. 왜냐하면 국가의 간위를 알 사람이 없기 때문입니다. '간위'는 어려움과 위기입니다. 정유재란 때처럼 어쩌면 왜군이 다시 침공해 올지도 모르는 상황이었고, 북방에서는 여진족(女眞族)의 동향이 심상치 않았습니다. 전쟁으로 인적 물적 피해가 막심했기에 백성들의 삶 또한 곤궁하기 이를 데 없었습니다. 그야말로 위태위태한 시기였지요. 그럼에도 불구하고 조정 관료 가운데 그 누구도 이러한 국가적 위난(危難)을 고려하지 않고 모두들 당쟁에만 몰두한다고 토로하였습니다. 이덕일의 소원은 누구든 단 한 사람만이라도 현재 국가가 당면한 위기를 직시하였으면 하는 것입니다.

종장의 '구중천'은 아홉 개의 방위로 나뉜 하늘이라는 뜻입니다. 옛글

에서 하늘을 흔히 이렇게 표현하고는 하였습니다. 작품에서도 역시 그저 하늘이라고 해석해도 무리가 없지만, '구중천'을 '임금'으로 볼 수도 있겠습니다. '술오쇼셔'는 '사뢰소서'라는 뜻인데, '사뢰다'는 곧 '아뢰다'입니다. 웃어른에게 이야기한다는 의미이지요. 당쟁에 몰두하는 신하들 때문에 임금 또한 나라의 위기를 제대로 감지하고 있지 못하니, 진정으로 나라를 생각하는 현명한 신하가 나타나서 임금에게 직언(直言)을 해 주기를 바라는 마음을 이렇게 표현하였다고 풀이하는 것도 가능할 것입니다.

이는 져 외다 ᄒ고 져는 이 외다 ᄒ니
매일(每日)의 ᄒ는 일이 이 싸홈ᄲᅮᆫ이로다
이 즁의 고립무조(孤立無助)ᄂᆞᆫ 님이신가 ᄒ노라

— 「우국가」 제14수

이덕일의 이 같은 문제의식은 제14수와 제19수 등에 집약되어 나타납니다. 제1수와 제6수에서 이덕일은 자신이 왜 무인의 길을 걷게 되었는지, 그리고 국가가 당면한 문제점이 무엇인지 언급하였습니다. 문제의 핵심은 무분별한 당쟁입니다. 위기를 해결하기 위해서 신료들이 결집하기는커녕 서로 헐뜯는 상황에 대해서 이덕일은 한탄할 수밖에 없었던 것이지요.

붕당은 오늘날의 정당과 유사합니다. 정당 정치에서도 늘 다툼이 있기는 합니다. 정책상의 이견 때문이든 도덕성에 관련된 공방 때문이든 정치 현장에 갈등이 있는 것은 오늘날에도 마찬가지입니다. 그러나 그 갈등이 생산적

이어야 하는데 그렇지 못하고 단지 싸움을 위한 싸움만이 횡행하게 되면 국가가 갈 길을 잃고 표류하게 되는 것이지요. 이덕일이 문제 삼은 것이 바로 이 부분입니다. 초장의 '외다'는 '그릇되다', '잘못되다'라는 뜻입니다. 이쪽에서는 저쪽이, 저쪽에서는 이쪽이 잘못되었다고 비난만을 일삼는다는 것입니다. 조선 시대의 붕당 정치나 오늘날의 정당 정치는 모두 순기능(順機能)을 지니고 있습니다. 정책 경쟁을 통해서 보다 나은 시책을 강구해 내기도 하고, 서로가 서로를 견제함으로써 특정 세력의 독단적인 정치 운영을 제어하기도 합니다. 합리적인 정치 모델이라 할 수 있지요.

그러나 정권을 얻는 데에만 치중하여 상대방을 무조건적으로 제압하려 드는 순간, 붕당 정치나 정당 정치의 기능은 순식간에 마비되고, 건전한 경쟁과 견제가 이루어져 할 정치 공간에 싸움만이 난무하게 됩니다. 이덕일 역시 당시의 당쟁을 '싸움뿐'이라고 단언하였습니다. 그러한 싸움의 피해는 온전히 나라의 주인이 입기 마련입니다. 조선 시대에 나라의 주인은 임금이었습니다. 종장에서 '님'이라고 지칭된 존재이지요. 신하들에게 아무 도움도 받지 못한 채 이러지도 저러지도 못하는 고독한 임금의 모습을 안타까워하는 목소리가 느껴집니다. 오늘날 나라의 주인은 국민이지요. 위정자들이 국민 전체를 대표하지 않고 자신들의 논리에만 빠져 있을 때 국민들 역시 희망을 잃을 수밖에 없습니다. 그러한 측면에서 제14수의 내용은 오늘날에도 시사하는 바가 큽니다.

이라 다 올ᄒ며 졔라 다 글으랴

두 편이 굿 트여 이 싸홈 아니 마니

셩군(聖君)이 쥰칙(準則)이 되시면 졀노 말가 ᄒ노라

— 「우국가」 제19수

한편, 제19수에서는 발상의 전환을 촉구하였습니다. 방금 살핀 제14수에서는 서로서로 잘못됐다고 다투었습니다. 이쪽에서는 저쪽이 그르다고 하고 저쪽에서는 이쪽이 그르다고 하는데, 이덕일은 이쪽이라고 다 옳고 저쪽이라고 다 그르겠냐고 근본적인 질문을 던졌습니다. 서로가 서로를 향해 잘못되었다고 똑같이 덤벼드니 그래서야 싸움은 절대로 그치지 않는다고 보았던 것입니다. 오히려, 완전히 옳거나 완전히 그른 것은 없다는 견지에서 사세(事勢)를 판단해야만 문제를 해결해 나갈 수 있다고 전제하였습니다.

실상이 그렇습니다. 수많은 의견과 입장이 있지만 어느 쪽이 100% 옳고 100% 그른 경우는 아마 찾기 어려울 것입니다. 가령, 특정한 견해가 30% 정도 옳고 70% 정도 그를 수는 있겠습니다. 전반적으로는 잘못된 견해이지만 그 가운데에서도 30% 정도는 경청할 만한 내용, 받아들일 만한 내용이 분명히 있습니다. 반대의 사례도 마찬가지입니다. 전반적으로는 옳은 견해이지만 일부는 수정해야 할 부분이 존재하기 마련입니다. 이덕일은 바로 그 같은 태도를 지녀야 한다고 촉구하였습니다. 완전히 옳고 완전히 그른 생각이란 없으니 서로서로 잘못됐다고만 하지 말고

서로에게서 취할 수 있는 옳은 점에 주목해야 한다는 것입니다.

그리고 그러한 관용적 태도를 지향해야 한다는 원리원칙, 즉 '준칙'을 성스러운 임금이 확고하게 정해 주어야만 비로소 소모적인 정쟁이 저절로 사라질 것이라고 전망하였습니다. 앞서 제14수에서와 마찬가지로 이때의 임금도 오늘날의 관점에서는 국민으로 받아들일 수 있겠습니다. 복수의 견해가 충돌하는 국면이 전개될 때, 국민들은 어느 일방의 목소리에만 귀를 기울이기보다는 각 입장의 장점이 무엇인지를 면밀히 살펴야 할 것입니다. 아울러 각 정파들에게 상대의 입장을 이해하고 서로의 장점을 취하도록 종용한다면 혼란과 반목을 최소화하면서 상생의 길을 모색해 나갈 수 있을 것입니다.

이덕일의 「우국가」는 28수나 되는 장편의 연시조여서 지금까지 다룬 내용들이 더 구체화된 부분들이 많이 있습니다. 여기에서는 주요한 사항들만을 언급하였는데, 기회가 된다면 「우국가」의 나머지 수들도 일독(一讀)하면서 '공감'의 미덕에 대해 되새기는 기회를 갖는 것이 어떨까 생각해 봅니다.

16. 내 맘 같아서

김승우

　고전시가 작품을 통해 '공존의 인문학'을 모색해 보는 시간을 갖고 있습니다. 다섯 번째 시간에 이어 여섯 번째 시간에도 '공감'이라는 주제로 이야기를 나누고자 합니다. '내 맘 같아서'라는 제목을 붙여 보았는데, '미물(微物)들의 속 깊은 사연'이라는 말로도 오늘 다룰 내용을 설명할 수 있을 듯합니다. 미물이란 '작은 물체나 물건'이라는 뜻인데, 대개 동물 가운데에서도 곤충처럼 작고 하찮게 여겨지는 것들을 지칭할 때 많이 쓰는 말입니다. 그런 '미물들조차도 내 마음을 알아주는구나.', '미물들도 나와 같은 심정이구나.'와 같은 생각을 담고 있는 몇몇 작품들을 함께 살펴보면서 '공감'의 중요성을 되짚어 보려고 합니다.

　홀로 지내야 하는 시간이 많아진 요즘입니다. 주변 사람들과 충분히 소통

전 **신사임당**(傳申師任堂, 1504~1551) /전 **신사임당 초충도**(傳申師任堂筆草蟲圖) / 국립중앙박물관

하기 어려운 답답한 시기이지요. 하물며 미물들에 대해서는 더더욱 생각이 미치지 못하는 때입니다. 사람도 마음대로 만나지 못하거늘 미물들에 관심을 둘 여력이 있겠나 싶기도 합니다. 그러나 반대로 생각하면 그동안 하찮게 여겼던 미물들을 관찰하고 그것들의 삶을 애정 어린 시선으로 바라볼 수 있는 적기(適期)가 요즘이 될 수도 있을 듯합니다. 내 주변의 미물들과 공감을 나누는 체험을 해 보면 어떨지요? 옛 문학 작품에서도 이러한 체험을 적지 않게 발견할 수 있습니다.

  물론 주변의 존재들과 나를 견주어보는 방식은 꼭 문학 작품에만 존재하는 것은 아닙니다. 아주 오래전부터 인간은 특정한 사물을 보면서 '나와 비슷한 처지이구나.' 또는 '나와는 완전히 다른 처지이구나.'라는 느낌을 지니며 살아왔습니다. 때문에 문학 작품에도 그러한 체험이 자연스럽게 배어들었던 것이지요.

  20세기에 들어 문학 연구가 정교화되면서 바로 그와 같은 느낌을 표현하고 있는 작품을 일컬어 '객관적 상관물'이 활용되었다고 설명하기 시작했습니다. 영어로 'Objective Correlative'라고 이름 붙인 것을 우리말로 '객관적 상관물'이라 번역해서 쓰고 있습니다. 말 그대로 '객관적(Objective)' 입니다. 즉, 본래 나와는 상관없는 것들, 나와는 무관하게 그것 자체로 존재하는 대상들입니다. 우리 주변에 수없이 많은 존재들이 이렇게 객관적으로 존재하지요. 그런데 어느 순간에인가 그렇게 객관적으로 존재하는 것들이 나와 관련을 맺게 됩니다. 나와 상관있는 대상, 즉 '상관물(Correlative)'이 되는 것입니다. 엄밀히 말하면 객관적으로 존재하던 대상을 나와 관련짓는 것이지요. 나의 상황 및 정서와 동일시하거나 대비하는 방식으로 말입니다.

우리는 스스로에 대해 무엇이든 다 알고 있다고 생각하지만, 실제로는 나의 감정이나 처지를 정확히는 설명하기 어려운 경우가 많습니다. 슬픈 것 같기도 하고 아닌 것 같기도 한 경우가 있고, 후련한 듯하지만 섭섭한 경우도 있습니다. 이렇듯 내 마음을 나도 잘 모르는 경우가 적지 않습니다. 그것이 어쩌면 인간의 한계인지도 모르겠습니다. 어쨌거나 바로 그러한 때에 내 주변에 있는 대상들과 견주어 보면서 나의 감정이나 처지를 보다 분명하게 깨닫게 되는 사례가 있습니다. 바로 그 대상을 '객관적 상관물'이라 부르는 것입니다. 다소 개념적인 내용이어서 선뜻 와닿지 않을 수도 있으니 사례를 들어 보겠습니다. 우리 문학사에서 객관적 상관물이 나타나는 아주 이른 시기의 작품으로는 「황조가(黃鳥歌)」를 들 수 있습니다.

> 가벼이 나는 꾀꼬리여,
> 암수놈이 어우러져 정답구나.
> 나의 외로움을 생각하노니,
> 그 누구와 더불어 돌아갈까.
>
> 翩翩黃鳥
> 편 편 황 조
> 雌雄相依
> 자 웅 상 의

念我之獨
염아지독
誰其與歸
수기여귀

― 「황조가」

    고구려의 제2대 왕이었던 유리왕(琉璃王)이 자신이 사랑했던 치희(稚姬)라는 여인을 잃은 후에 이 작품을 지었다고 합니다. 유리왕은 화희(禾姬)와 치희라는 두 왕비를 두었는데, 화희는 고구려인이고 치희는 중국 한나라 여인이었습니다. 유리왕이 궁을 비운 사이에 화희가 치희를 모욕하자 치희는 마음이 상해서 한나라로 돌아갔습니다. 유리왕이 돌아와 그 소식을 듣고서 급히 말을 달려 쫓아갔지만 치희는 끝내 돌아오지 않았습니다. 왕이 하는 수 없이 홀로 돌아와 나무 밑에서 쉬고 있을 때 황조, 즉 꾀꼬리가 노닐었다고 합니다. 제2구에 보면 '자웅상의(雌雄相依)'라 하였는데, '자웅'은 암수라는 뜻이고 '상의'는 서로 기대다, 서로 의지하다라는 뜻입니다. 암수 한 쌍의 꾀꼬리가 다정하게 서로에게 기대어 있었던 것이지요.

    여기에서 꾀꼬리는 유리왕을 의식하고서 일부러 다정한 포즈를 취했던 것이 아닙니다. '객관적'으로 존재하는 대상일 뿐입니다. 그러나 유리왕은 그 꾀꼬리의 모습을 보면서 새삼 자신의 외로운 처지를 되돌아 보게 되었습니다. 치희를 끝내 데리고 오지 못한 유리왕의 심정은 복잡미묘했을 것 같습니다. 안타까운 마음이 기본적으로는 있었겠지만, 치희에 대한 원망이나 분노도 치밀어 올랐을 테고, 한 나라의 임금이 여인을 데려 오겠다고 체통 없이 말을 달려 쫓아갔으니 어느 정도 자괴감도 들었을 법합니다. 일을 이 지경으로 만든 화희에게 화도 났겠지요. 그런데 다정한 암수 꾀꼬리를 보는 순간 유리왕의 다단한 마음은 제3구에 나오는 '외로움'으로 급속히 수렴됩니다. 분노, 원망, 부끄러움 등 여러 감정이 섞여 있어서 스스로도 자신의 마음을 종잡을 수 없었지만 그 가운데 외로움이 부쩍 표면화되었던 것이지요. 이 순간 꾀꼬리는 그저 객관적으로 존재하는 대상이 아니라 나를 되돌아보게 하는, 나와 상관이 있는 대상으로 다가오는 것입니다. 나와 대비되는 대상으로 상관물을 끌어들인 사례에 해당합니다.

반대로 나와 동일시되는 상관물을 제시하는 사례도 많이 찾아볼 수 있습니다.

> 귓도리 져 귓도리 에엿부다 져 귓도리
> 어인 귓도리 지는 달 새는 밤의 긴 소리 쟈른 소리 절절(節節)이 슬픈 소리 제 혼자 우러 녜어 사창(紗窓) 여왼 좀을 술드리도 깨오는고야
> 두어라 제 비록 미물(微物)이나 무인동방(無人洞房)에 내 뜻 알 리는 저뿐인가 ᄒ노라

― 『청구영언(靑丘永言)』에서

사설시조(辭說時調) 작품입니다. 사설시조는 조선 후기인 18세기에 들어서 성행하기 시작했던 문학 갈래인데, 본래 시조에서 파생된 것으로 추정하고 있습니다. 초, 중, 종장으로 이루어진 시조의 3장 형태를 유지

하면서도 각 장이 더 길어져 장형화된 양식을 사설시조라 합니다. 양반 사대부들보다는 평민들이 더 애호했던 것으로 파악됩니다. 그래서인지 대부분의 작품은 작자가 알려져 있지 않고, 소재도 평민들에게 친숙하게 여겨졌을 만한 일상적이고 소소한 것들이 많습니다. 이 작품에서는 '귓도리', 즉 귀뚜라미를 등장시켰습니다. 그야말로 미물이지요. "귀뚜리 저 귀뚜라미, 서글프다 저 귀뚜라미"라고 하였습니다. '에엿부다'는 서글프다는 뜻입니다.

귀뚜라미가 서글프게 느껴진 이유는 중장에 제시됩니다. 웬 귀뚜라미가 지는 달 새는 밤에, 즉 밤이 새도록 긴 소리로, 짧은 소리로 마디마디 슬픈 소리로 홀로 운다고 하였습니다. '우러 녜어'는 '울며 가서'라는 뜻인데 우는 행위가 지속되는 상황을 표현하기 위한 말입니다. 그런데 귀뚜라미의 울음소리에 여인은 잠을 이루지 못합니다. '사창'은 비단 커튼이 드리워진 창이라는 뜻으로 여인의 방을 의미합니다. 실제로 비단 커튼이 있어야만 되는 것은 아니고, 여인의 방을 흔히 사창이라고 관습적으로 칭합니다. 무슨 일인지 여인은 잠을 이루지 못하고 있었습니다. '여윈 잠'은 설핏 든 선잠입니다.

계속 뒤척이다가 이제 잠이 좀 들까 했는데 귀뚜라미 소리에 그만 잠이 깨고만 것이지요. 그것도 살뜰히도, 즉 알뜰하게, 남김없이 귀뚜라미는 여인의 잠을 깨우고 맙니다. 당연히 귀뚜라미가 원망스러울 수밖에 없는 상황입니다.

그러나 '두어라'라는 말로 시작되는 종장에서는 이내 태도를 바꾸어 귀뚜라미를 이해하고 긍정합니다. 미물, 작은 물건, 보잘것없는 곤충에 불과하지만 나의 서글픈 심정을 알아주는 것은 귀뚜라미뿐이라고 공감을 표했던 것입니다. '무인동방'은 아무도 없는 방이라는 뜻입니다. 아무도 없는 방에 홀로 지내는 자신의 서글픔이 귀뚜라미를 통해 도드라지고 있습니다. 본래 귀뚜라미는 여인과 아무 상관도 없는 객관적 존재였지만 이 순간에 여인 자신과 귀뚜라미의 처지가 동일시되기에 이릅니다. '저렇게 작은 벌레에게조차도 무언가 사연이 있을 것이다.', '그래서 잠을 이루지 못하고 밤새도록 울어 대는구나.', '나도 울고 싶은데 내 뜻을 참 잘도 알아주는구나.' 라는 생각을 하게 되었던 것입니다. 그러니 귀뚜라미를 나무라지 말고, 원망하지 말고, 오히려 귀뚜라미의 처지에 공감해야 된다는 쪽으로 작품을 종결짓고 있습니다.

> 압 못시 든 고기들아 네 와 든다 뉘 널을 모라다가 너커늘 든다
> 북해(北海) 청소(淸沼)을 어디 두고 예 와 든다
> 들고도 나지 못ᄒᄂ 정(情)이 네오 내오 ᄒᆞᆫ가지로다
> ─『고금명작가(古今名作歌)』에서

다음에 살필 작품도 역시 사설시조입니다. 앞의 작품과 견주어 볼 만합니다. 여기에서는 물고기에 자신의 상황을 비추어 보고 있습니다. 먼저 초장에서는 앞마당 연못에 갇혀 있는 물고기들을 향해 "네가 와서 연못에 들어갔느냐?", "누가 너를 몰아다가 연못에 넣었기에 그곳에 들어갔느냐?"라고 물었습니다. '든다'에서 '—다'는 평서형이 아니라 의문형 종결

어미입니다. 물어보는 말이지요. 이러한 의문이 들 법합니다. 물고기는 원래 시내나 강이나 바다처럼 넓고 트여 있는 물에 살아야 하니까요. 무슨 연유로 앞뜰에 있는 작은 연못에 갇혀 살아가느냐고 궁금해 합니다. 중장에서도 그러한 의문을 이어 갑니다. '북해'나 '청소'처럼 광활한 바다와 좋은 호수를 두고서 왜 이곳에 들어와 있느냐고 재차 물어봅니다. 북해는 '북명(北溟)'이라고도 하는데 북쪽에 있다는 큰 바다입니다. 청소는 물고기들이 마음껏 휘젓고 다닐 수 있는 맑은 연못입니다. 북해나 청소에 비하면 앞뜰의 못은 비좁고 탁하기 이를 데 없습니다.

 이 작품에 등장하는 물고기도 역시 객관적입니다. 작자와는 관계없이 존재하는 대상이지요. 그러나 종장에 이르러 그러한 객관적 대상을 자신과 상관이 있는 존재, 즉 상관물로 끌어들입니다. 물고기를 통해 자신의 삶을 되돌아보게 되는 것입니다. "들어오고도 나가지 못하는 심정이야 너나 나나 마찬가지이구나."라고 물고기와 자신을 동일시하였습니다. '아마도 자발적으로 이 못에 들어오지는 않았을 텐데 끝내 나가지 못하고 좁은 물에서 생을 마쳐야 하니 얼마나 답답할까?'라는 공감을 표했던 것입니다.

 이로 미루어 보면, 작자 역시도 원치 않는 계기로 어느 곳엔가 갇혀 있고 아마도 생전에는 그곳을 벗어날 수 없는 처지에 놓여 있음을 짐작할 수 있습니다. 이 작품의 작자는 『고금명작가』라는 가집(歌集)에는 미상으로 되어 있습니다. 그러나 이 작품은 다른 여러 문헌들에도 수록되어 있는데, 그 가운데 일부 가집에서는 작자를 '궁녀(宮女)'라고 기록해 두었습니다. 조선 시대의 궁녀는 한 번 입궁하면 여간해서는 궁을 나갈 수 없는 처지였습니다.

궁녀가 연못에 들어 있는 물고기를 동정하면서 자신의 처연한 신세를 새삼 되새겨 보게 된 상황을 떠올릴 수 있겠습니다.

> 백사장(白沙場) 홍료변(紅蓼邊)에 굽니러 먹는 져 백로(白鷺)야
> 훈 닙에 두셋 물고 무에 낫짜 굽니느냐
> 우리도 구복(口腹)이 웬슈라 굽니러 먹네
>
> ― 『남훈태평가(南薰太平歌)』에서

비슷한 구도를 취하고 있는 작품을 한 수 더 보겠습니다. 객관적 상관물이 나타나는 작품은 상당히 많이 발견되는데, 이번에 살필 작품에서는 '백로'가 선택되었습니다. 백사장은 하얀 모래밭이고, 홍료는 붉은 여뀌입니다. 여뀌는 갈대와 비슷한 풀입니다. 하얀 모래밭이 펼쳐진 물가에 붉은 여뀌가 자란 광경을 제시하였습니다. 그 여뀌 가장자리에서 백로가 굽혔다 일어났다 하면서 무언가를 먹고 있다는 것이지요. 여기에서도 백로는 작자와 무관하게 그 자체로 존재할 뿐입니다. 그 백로에게 작자는 말을 건네기 시작하는데 다소 가시 돋친 목소리가 느껴집니다.

중장에 보면, 백로가 한입에 이미 '두셋'을 물고 있다고 하였습니다. 물고기를 물고 있었겠지요. 이미 두세 마리를 잡아서 입에 넣은 상태입니다. 그런데 여기에 만족하지 않고 백로는 또다시 물고기를 잡기 위해 굽혔다 일어났다 한다는 것입니다. 백로는 하얗고도 깨끗한 이미지를 지니고 있기 때문에 고고(孤高)한 소재로 문학 작품에 형상화(形象化)되고는 하였습니다.

올곧은 선비를 표상하는 데에도 많이 활용되었습니다. 그런데 이 작품에서는 전혀 그렇지 않습니다. 아주 탐욕스러운 모습을 띠고 있습니다. 조선 중기까지의 작품에서는 좀처럼 찾아볼 수 없었던 백로의 추악한 면모가 조선 후기의 작인 이 작품에 이르러 적나라하게 드러납니다.

여기까지만 보면 백로를 폄하(貶下)하고 비판하는 의미로 작품을 맺을 것처럼 보입니다. 그러나 종장에 이르러 시선이 전변(轉變)됩니다. 갑자기 백로의 탐욕을 긍정하면서 작자의 삶, 더 나아가 인간의 삶을 되돌아보는 것입니다. '우리도'라는 말에서 이 점을 알 수 있습니다. '구복'은 입과 배입니다. 먹고 사는 문제를 이렇게 표현하였습니다. '웬수'는 원수(怨讎)를 강하게 발음한 것이지요. 원한이 맺힐 정도로 못살게 구는 존재를 말하는데, 우리 삶에서 입과 배, 즉 먹고 사는 문제가 바로 그렇다고 하였습니다. '먹고 살기 위해서 물고기를 추악하게 입안 가득 넣고 있는 저 백로처럼 인간들 역시도 늘 먹고 살기 위해서 하루하루 이렇게 구차하고도 힘들게 버텨 내는구나.'라는 생각을 하게 된 것입니다. 백로의 처지에 공감하고 백로의 심정을 이해하는 한편으로, 백로를 통해 우리네 삶을 되돌아보기도 하였습니다.

흔히 공감은 인간과 인간 사이에 상호적으로 이루어지는 것이라 생각하기 쉽습니다. 그러나 우리 선인들은 꼭 그랬던 것만은 아닙니다. 쉽사리 지나치기 마련인 주변의 미물들에게도 공감하고, 또 그 공감을 통해서 자신의 삶을 성찰하기도 했던 것입니다. 오늘날 바로 이러한 공감의 태도가 절실하지 않을까 생각해 봅니다.

오성과 한음의 초상

17. 내 마음 알아주는 벗이 있지

백진우

조선시대 베프, 오성과 한음

이번 시간에는 공감을 주제로 친구 사이의 우정을 말해주는 글을 소개하고자 합니다. '내 마음 알아주는 벗이 있지'라는 제목을 붙여봤습니다. 소개할 글은 이항복(李恒福, 1556~1618)의 글입니다. 이항복의 이름은 모두들 한 번쯤은 들어보셨으리라 생각합니다. 바로 '오성과 한음'에 나오는 바로 그 오성 이항복입니다.

친한 친구는 순 우리말로는 짝꿍이라고 할 수 있겠고, 한자로는 죽마고우(竹馬故友)라고 하고, 영어로는 콤비라고도 할 수 있겠습니다. 요새 학생들은 베프나 절친이라는 표현을 많이 씁니다.

이렇게 사이 좋은 이들을 예로 들 때, 우리나라에서는 주로 오성과 한음을 예로 듭니다. 그 가운데 오성(鰲城)이 바로 이항복이라는 분입니다. 참고로 오성은 호가 아닙니다. 이항복 선생이 돌아가신 후에 오성부원군(鰲城府院君)이라는 봉호(封號)를 받게 되는데, 바로 거기서 가져온 명칭입니다. 오성은 오늘날 경상북도 경주(慶州)의 옛 이름인데, 이항복의 본관이 바로 경주였습니다.

오성에 대해 소개했으니 한음(漢陰)에 대해서도 소개해야겠습니다. 한음은 이덕형(李德馨, 1561~1613)이라는 분입니다. 두 분 모두 같은 이씨(李氏)이지만 본관이 다릅니다. 이덕형의 본관은 경기도 광주(廣州)였습니다. 이덕형의 호는 한음을 사용했는데, 사실 한음이라는 호 역시 지명에서 따온 것입니다.

상식적으로 알아두면 좋은 사실이 하나 있습니다. 지명에 '양(陽)'과 '음(陰)'이 붙는 경우입니다. 일반적으로 산의 경우에는 산 남쪽에 '볕양(陽)' 자를 붙이고, 물의 경우에는 물 남쪽에 '그늘 음(陰)'자를 붙입니다. 예를 들어 서울의 옛 이름을 한양(漢陽)이라고 했습니다. 오늘날 사대문 안쪽에 해당하는 지역이지요. 서울에 한양이라는 이름을 붙인 이유가 바로 한강(漢江)의 북쪽 지역이었기 때문입니다. 그런데 이덕형의 본관인 경기도 광주는 한강 남쪽에 있었기 때문에 한음(漢陰)이라는 명칭이 생긴 것이고, 이덕형의 호는 바로 여기서 따온 것입니다.

오늘 소개해드릴 글은 오성 이항복이 한음 이덕형을 위해 지어준 묘지명입니다.

개그계의 명콤비

이항복은 1556년에 태어나 1618년에 세상을 떠났고, 이덕형은 1561년에 태어나 1613년에 세상을 떠났습니다. 그러니까 이항복이 5년 먼저 태어나 5년 늦게 세상을 떠났다고 할 수 있습니다.

연세가 있으신 수강생들께서는 잘 아실 듯합니다. 유난히 개그계에는 콤비가 많습니다. 아마도 혼자 떠드는 것보다 둘이 마주 보고 주거니 받거니 하는 가운데서 웃음을 유발할 수 있는 가능성이 크기 때문이 아닐까 합니다. 막 떠오르는 콤비만 하더라도 '배삼룡과 구봉서', '남철과 남성남', '서수남과 하청일', '서경석과 이윤석' 등이 있습니다.

장난기 넘치는 재미난 일화, 그리고 진한 우정과 관련하여 가장 유명한 조선시대 콤비가 바로 오성과 한음이 아닐까 합니다. 아마 여러분들도 어렸을 때 동화책에서 많이 접해보셨을 것 같습니다. 서로를 골탕 먹이면서 우정을 이어나가는 이야기가 많이 알려져 있습니다.

이렇게 둘의 우정을 둘러싼 다양한 일화가 전해지다 보니 후대 사람들이 그 유래와 진위에 대해 많이들 궁금해 했던 것 같습니다. 왕명(王命)을 출납한 기록인 『승정원일기(承政院日記)』에 다음과 같은 내용이 실려 있을 정도입니다.

> 상이 이르기를, "한음과 오성은 어렸을 때부터 매우 친밀하게 사귀었다고 하는데, 과연 그러하였는가? 장난을 친 일들이 아직까지 전설로 내려오고 있으니 이는 매우 소중히 여길 만한 일이다. 나이는 누가 많고 적은지 모르겠다."라 하였다.
> 이병교가 대답하였다. "신의 선조와 오성 이항복은 과장(科場)에서 서로 사귀게 되었는데, 한 번 보고 무척 친밀해졌습니다. 이는 사적(事蹟)에 실려 있는 일입니다. 어렸을 때부터 서로 사귀었다고 하는 것은 민간에서 속되게 전하는 바입니다. 나이는 오성이 신의 선조보다 다섯 살 많습니다."

1873년, 고종(高宗) 때의 기사입니다. 글에 나오는 이병교(李炳敎, 1829~?)라는 분은 고종 때 승지 벼슬을 지냈던 분인데, 한음 이덕형의 후손입니다. 그래서 사실을 정확하게 알고 있었습니다. 오성과 한음 두 분에 대해 어렸을 때의 일화가 많이 전하기는 하지만 사실 이는 오성과 한음이 워낙 친하다보니 사람들이 꾸며낸 이야기라고 말합니다. 원래는 스무 살 즈음해서 과거장에서 처음 만났다고 합니다.

하지만 친구 사이에 나이를 따지는 건 그리 오래되지 않은 관습입니다. 조선시대 글을 보면 위아래로 열 살까지는 친구의 우정을 맺는 일이 그리 드문 일은 아니었습니다.

내 마음 알아주는 벗이 있지

이항복과 이덕형은 스무 살에 처음 만난 이후로 평생을 지기(知己)로 지냈습니다. 그러다 이덕형이 먼저 세상을 떠나게 되니까 이항복이 죽음을 애도하는 글을 지어주게 됩니다. 그 글이 바로 오늘 소개하는 「한음이덕형묘지(漢陰李德馨墓誌)」입니다. 묘지(墓誌)는 돌아가신 분의 높은 행적이나 공적, 즉 삶의 흔적을 담는 글입니다. 그래서 묘지는 아무나 써주지 않았습니다. 망자(亡者)를 가장 잘 아는 사람, 그리고 글을 잘 쓰는 사람이 지어줬습니다. 먼저 세상을 떠난 벗을 두고서 이항복은 하고 싶은 이야기가 무척 많았던 것 같습니다. 한문 원문만 4,500자에 이를 정도로 절절하게 이덕형에 대한 애도의 마음을 담았습니다.

> 며칠 뒤에 그의 아들 여벽(如璧)이 초췌한 모습으로 참최(斬衰)를 입고 장사를 지내기 전에 나를 찾아왔다. 곡(哭)하고 상장(喪杖)을 내려놓고 절을 한 다음에 가장(家狀)을 바치면서 이렇게 말했다. "제 아버지께서 일찍이 자식들에게 이르기를, '나의 심사(心事)는 친구 이모(李某)가 잘 알고 있다.'라 하셨습니다. 지금 아버지가 불행히 돌아가셨는데, 아버지와 종유한 모든 분들 가운데 문학이 있는 분으로는 오직 대부(大夫)만이 계시므로, 감히 묘지를 부탁드립니다."

居數日, 其孤如璧, 纍然服斬, 越紼而來. 哭捨杖拜, 獻狀曰.
"吾父嘗有言於子曰, '老夫心事, 有友李某知之.' 今父不幸死,
凡與父游而有文者, 唯大夫在. 敢以幽堂之辭爲托."

글의 첫 부분입니다. 묘지를 짓게 된 상황에 대해 간략히 서술하였습니다. 이덕형의 아들이 찾아와 묘지를 써달라는 부탁을 합니다. 그러면서 아버지의 말을 전합니다. "나의 마음을 알아주는 벗은 오직 이 아무개밖에 없다."라고. 여기서 이 아무개는 당연히 오성 이항복을 가리킵니다. 아마도 이덕형은 생전에 이미 자신의 묘지를 가장 친한 친구인 이항복에게 부탁하고자 했던 듯합니다. 그래서 '내 마음은 이항복이 가장 잘 알고 있지.'라고 했겠지요.

친구 사이의 우정을 나타내는 고사성어는 참 많습니다. 그 가운데 가장 유명한 말은 아마도 관중(管仲)과 포숙(鮑叔)의 우정을 가리키는 '관포지교(管鮑之交)'라는 말일 것입니다. 관중과 포숙의 우정을 기록한 일화는 많지만, 그 가운데 관중이 포숙에 대해 남긴 말이 가장 인상 깊습니다.

"나를 낳아준 분은 부모이지만 나를 알아준 사람은 포숙이다.
[生我者父母 知我者鮑淑牙]."

어떤 친구를 진정한 친구로 여기는지는 사람마다 다 다릅니다. 경제적으로 어려울 때 아무렇지도 않게 돈을 빌려주는 친구를 진정한 친구로 여길 수도 있고, 마음이 힘든 일이 있을 때 먼 거리를 마다하지 않고 달려

와 주는 친구를 진정한 친구로 여길 수도 있습니다. 그런데 따지고 보면 어떤 경우라 하더라도 자신의 마음을 가장 잘 알아주는 이야말로 진정한 친구가 아닐까 합니다. 이덕형에게는 이항복이 그리고 이항복에게는 이덕형이, 바로 자신의 마음을 가장 잘 알아주는 친구였던 것입니다.

나는 일찍이 말하기를, "명보가 어진 이를 추천하고 재능 있는 이에게 양보하는 것은 자피(子皮)와 같고, 빈객(賓客)과 응대(應對)를 잘하기로는 숙향(叔向)과 같고, 아는 것을 실천하지 않은 것이 없기로는 송경(宋璟)과 같고, 선비를 높이고 선(善)을 좋아하기로는 유정(留正)과 같고, 사당(私黨)을 만들지 않는 것은 사마광(司馬光)과 같다. 명보는 이를 모두 겸하여 실행하였으므로, 위로 진(晉)·정(鄭)의 사이에서 났으면 명대부(名大夫)가 되었을 것이고, 아래로 당(唐)·송(宋)의 즈음에 났더라면 현재상(賢宰相)이 되기에 부끄럽지 않을 것이다."라 하였다. 또 말하기를, "이모는 마음이 커서 일을 당하여 동요하지 않는다."라 하였다.

余嘗謂明甫, 推賢讓能, 似子皮, 應對賓客, 似叔向, 知無不爲, 似宋璟, 尊儒樂善, 似留正, 不立私黨, 似司馬光. 率是以行, 上以出於晉鄭之間, 不失爲名大夫, 下以出於唐宋之際, 不愧爲賢宰相. 又謂李某心大, 能臨事不動.

묘지의 끝부분입니다. 본문에서 이덕형이 얼마나 훌륭하며, 나라에 얼마나 큰 공을 세웠는지를 길게 서술하고 나서 이어지는 내용입니다. 이항복은 이덕형의 인품에 대해서 여러 실제 사례를 들어 설명하고 난 뒤에 이렇게 적었습니다. 조정에서 현신(賢臣)의 역할도 해냈고, 사신(使臣)의 역할도 잘했고, 공정(公正)하게 처신했다는 것입니다. 이 가운데 하나만 잘해도 뛰어난 신하라고 할 수 있을 텐데, 이덕형은 이 모든 분야에 뛰어났다는 사실을 일목요연하게 정리하였습니다.

아마도 이덕형이 세상을 떠난 후에 이항복은 많은 부분을 잃었다고 생각했을 것 같습니다. 저도 이 글을 소개하면서 머리에 떠오르는 친구가 몇 명 있습니다. 나이가 같기도 하지만 그 가운데 몇은 저보다 어리기도 합니다. 하지만 벗이라고 부르기에 조금도 주저함이나 부끄럼이 없는 이들입니다. 아마 여러분들도 긴 세월을 살아오면서, 인생의 각 시점마다 곁에 있어주었던 벗이 몇 명쯤은 있었을 겁니다. 자신의 마음을 알아주는 벗 한 명만 가졌더라도 성공한 인생이라고 생각합니다.

코로나19 시국을 거치면서 많은 분들이 괴로움을 호소합니다. 가장 견디기 힘든 일 가운데 하나가 보고 싶은 사람을 만나지 못하는 상황이라고 합니다.

만나고 싶은 친구를 만나지 못하는 일,
만나고 싶은 가족을 만나지 못하는 일이 참 괴롭다고들 합니다.
아마 사람은 누구나 자신을 이해해주고 알아줄 사람,
공감(共感)해줄 사람을 원하기 때문이 아닐까 합니다.

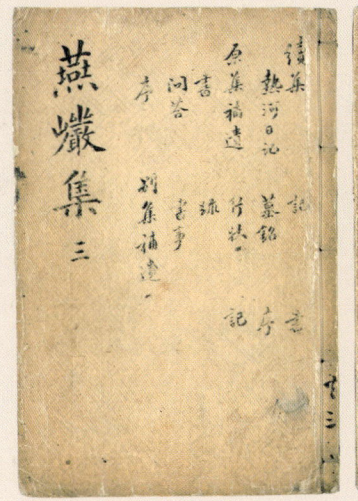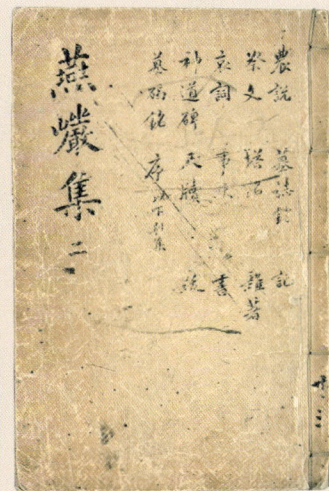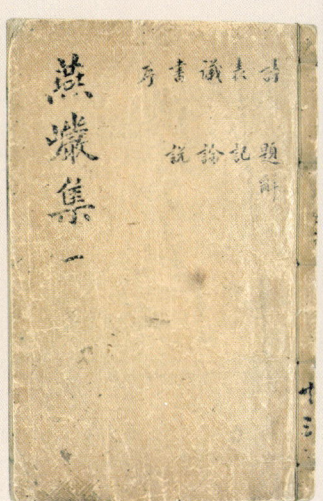

박지원(朴趾源, 1737~1805) / **연암집**(燕巖集) / 국립중앙박물관

18. 내 마음, 누가 알아주랴

백진우

연암 박지원

오늘은 공감(共感)이라는 주제로 준비한 산문 가운데 두 번째 글입니다. 제가 붙인 제목은 '내 마음, 누가 알아주랴'입니다. 강의를 통해 소개할 글은 「열녀함양박씨전(烈女咸陽朴氏傳)」입니다. 조선후기 실학자(實學者)이자 북학파(北學派)로 잘 알려져 있는 연암(燕巖) 박지원(朴趾源, 1737~1805)의 글입니다.

박지원은 사상가로도 잘 알려져 있지만 산문을 아주 잘 쓴 작가로 손꼽을 만한 분입니다. 여러분들이 한 번쯤 접해보았을 글로 『열하일기(熱河日記)』, 「양반전(兩班傳)」, 「허생전(許生傳)」, 「호질(虎叱)」 등의 작품을 남겼습니다. 이

분은 문장도 참 잘 썼지만, 당대의 보편적인 사상을 뛰어넘어 앞서가는 의식을 가졌던 분입니다. 그래서 당시 사회의 모순점과 잘못된 지점들을 꼼꼼하게 따지는 비판의식을 여러 편의 글에서 잘 보여주었습니다. 앞서 언급했던 몇 편의 글 역시 그러한 의식을 담고 있습니다.

오늘 소개하고자 하는 「열녀함양박씨전」 역시 당대의 부조리한 사회적 관습을 통렬하게 비판하는 글이라고 할 수 있습니다.

병서(幷序)란?

글의 제목 아래에 작은 글씨로 병서(幷序)라고 적혀 있습니다. 먼저 이 병서에 대해 간단히 설명해야겠습니다.

우선 제목에 '박씨전(朴氏傳)'이라고 했으니까 이 글의 문체는 전(傳)에 해당합니다. 전은 훌륭한 인물, 혹은 남들에게 널리 알릴 만한 큰 성취를 이룬 인물을 위해 짓는 글입니다. 전은 특정한 인물의 일생을 기록하는 글이고, 특히 그 가운데 의미 있는 부분을 강조하여 서술하는 관습이 있습니다. 그리고 어떤 이의 전을 지어주는 일을 입전(立傳)이라고 합니다.

이 글은 「열녀함양박씨전」이라는 제목에서 알 수 있듯, 남편을 따라 죽은 함양(咸陽) 박씨(朴氏)라는 과부(寡婦)의 절개와 의리를 칭송하는 글입니다. 그런데 박지원은 대상 인물인 함양 박씨에 대한 입전에 그치지 않고, 창작 배경에 대해 서술한 서문을 앞에 덧붙여 두었습니다. 이처럼 글의 배경을 함께 서술해서 덧붙이는 방식을 바로 병서(幷序)라고 합니다.

그리고 이 글이 명편으로 인정받는 이유는 바로 이 병서 부분에 있습니다.

글의 전문(全文)을 보면 함양 박씨에 대한 이야기보다 오히려 이 병서 부분의 내용이 길 정도입니다. 어떤 면에서는 배보다 배꼽이 더 큰 경우라고도 할 수 있을 텐데요. 박지원이 병서를 왜 이렇게 길게 썼는지, 그리고 병서에는 어떤 내용이 담겨 있는지 함께 보겠습니다.

열녀 만들기 풍속

박지원 당대에는 남편이 죽고 나면 평생을 과부로 수절하거나 혹은 남편을 따라 죽는 일이 너무도 당연한 일처럼 여겨졌던 것 같습니다. 과부들의 수절(守節)과 종사(從死)가 유행처럼 성행했던 것입니다. 박지원은 이러한 풍속을 비판 없이 따르기보다는 잘못되었음을 지적하고 싶어했습니다. 그래서 글의 첫부분을 이렇게 시작합니다.

> 제(齊) 나라 사람의 말에, "열녀는 지아비를 두 번 얻지 않는다." 하였으니, 이를테면 《시경》 용풍(鄘風) 백주(柏舟)의 시가 바로 이것이다. 그러나 《경국대전(經國大典)》에 "개가(改嫁)한 여자의 자손은 정직(正職)에는 등용하지 말라."고 하였으니, 이것이 어찌 일반 백성과 무지한 평민들을 위하여 만들어 놓은 것이랴. …… 한갓 과부로 지내는 것만으로는 절개가 되기에 부족하다 생각하여, 왕왕 한낮의 촛불처럼 무의미한 여생을 스스로 끝내 버리고 남편을 따라 죽기를

빌어, 물에 빠져 죽거나 불에 뛰어들어 죽거나 독약을 먹고 죽거나 목매달아 죽기를 마치 낙토(樂土)를 밟듯이 하니, 열녀는 열녀지만 어찌 지나치지 않은가!

글을 보시면 처음에 '열녀불갱이부(烈女不更二夫)'라는 표현이 나옵니다. 많이들 들어보셨으리라 생각합니다. "열녀는 두 지아비를 섬기지 않는다."라는 말입니다. "충신은 두 임금을 섬기지 않는다."라고 하는 '충신불사이군(忠臣不事二君)'과 짝을 이루는 말입니다. 유교 윤리가 지배하던 전통 시대에, 이처럼 한 임금에게만 충성을 바치고 한 남편에게만 순종하는 일은 도덕적으로 당연한 윤리였습니다. 하지만 그러다 보니 인간으로서 자연스럽게 타고난 성정(性情)이나 욕망(慾望)에 대해서는 억누르거나 감추려는 경향이 생길 수밖에 없었습니다.

하지만 박지원은, 이는 어디까지나 사대부(士大夫)들에게나 해당하며 그들이 지켜야 할 책무이지 일반 백성이나 평민들에게까지 해당하는 일은 아니라고 보았습니다. 이 말을 뒤집어보면 당대에 열녀 만들기 풍속이 비단 사대부들뿐만 아니라 민간에까지 널리 퍼져 있었던 관습이었음을 짐작할 수 있습니다.

그래서 박지원은 이 글 말고도 여러 편의 글에서 당대 열녀 만들기 풍속에 대한 자신의 의견을 남겼습니다. 대표적으로 「김유인사장(金孺人事狀)」이라는 글을 들 수 있습니다. 사장(事狀)은 어떤 일의 정황과 실질을 정리하여 조정에 전달하는 글입니다. 특히 인품과 덕행을 부각시켜

고을에 정려(旌閭)를 내려주기를 청할 때 작성합니다. 「김유인사장」은 오윤상(吳允常, 1746~1783)이라는 분의 아내인 광산(光山) 김씨(金氏)의 종사(從死)를 기려 예조(禮曹)에 정려를 청하기 위한 목적으로 지은 글입니다. 이 글에서는 남편에 대한 의리를 지키는 데에도 단계가 있다고 말합니다.

이에 따르면 '의(義)'는 남편에 대한 의리를 말하고, '절(節)'은 남편에 대한 의리를 지키는 행위를 말하며, '열(烈)'은 절을 세우는 행위를 말합니다. 그러니까 열은 남편을 따라 죽는 일을 의미하고, 절은 개가(改嫁)하지 않고 남편에 대한 의리를 지키면서 평생 수절하는 일을 의미합니다. 여성에게 일방적으로 희생을 강요하는 일이 당시에는 너무나 당연하게 성행하던 일이었습니다.

이러한 풍속에 대해 박지원은 동시대의 다른 사람들과는 다른 생각을 가지고 있었습니다. 「열녀함양박씨전」에서 "열녀는 열녀지만 어찌 지나치지 않은가!"라고 말한 것이 하나의 근거입니다. 이는 남편 따라 죽기를 당연하게 여기던 당시 사회적 풍속에 대한 통렬한 비판이라고 할 수 있습니다.

내 마음, 누가 알아주랴?

병서에 이어지는 부분에서 일화를 하나 소개하고 있습니다. 배경을 간단히 말씀드리면 이렇습니다.

아들 형제가 나오는데, 청요직(淸要職)의 후임 인선을 두고서 이러쿵저러쿵 따지고 있습니다. 청요직은 출세가 보장된 좋은 관직을 말합니다. 아들 형제의 말을 어머니가 잠자코 듣다가 무슨 일인지를 묻습니다. 그러자 아들 형제가 대답합니다. 청요직 물망에 오른 대상자의 윗대 가운데 과부가 있어서 주저하고 있다고 답변합니다. 아녀자들만 알 수 있는 규방(閨房)의 일을 어찌 알았느냐고 묻자 아들 형제는 풍문(風聞)으로 들어서 알게 되었다고 말합니다. 이에 대해 어머니는 다음과 같이 이야기합니다.

> 바람이란 소리는 있으되 형체가 없다. 눈으로 보자 해도 보이는 것이 없고, 손으로 잡아 봐도 잡히는 것이 없으며, 허공에서 일어나서 능히 만물을 들뜨게 하는 것이다. 어찌하여 무형(無形)의 일을 가지고 들뜬 가운데서 사람을 논하려 하느냐? 더구나 너희는 과부의 자식이다. 과부의 자식이 오히려 과부를 논할 수 있단 말이냐? 앉거라. 내가 너희에게 보여줄 게 있다.

어머니가 과부인데도 불구하고, 과부의 후손이라는 이유로 관직에 등용할 수 없다는 아들 형제의 생각이 어머니는 못마땅했을 겁니다. 그런데 이 어머니가 무척 현명했던 분 같습니다. 아들 형제의 잘잘못을 바로 꾸짖지 않고 자신의 일화를 들려주며 자식들의 생각이 잘못되었음을 깨우쳐 줍니다. 그 일화는 이렇습니다. 조금 길기는 하지만 어머니의 일화 전체를 읽어보겠습니다. 과부로서 평생을 살아야만 했던 괴로움이 이렇게 절절하게 표현된 글을 찾기 어렵습니다.

 이것은 너희 어미가 죽음을 참아 낸 부적이다. 10년을 손으로 만졌더니 다 닳아 없어진 것이다. 무릇 사람의 혈기는 음양에 뿌리를 두고, 정욕은 혈기에 모이며, 그리운 생각은 고독한 데서 생겨나고, 슬픔은 그리운 생각에 기인하는 것이다. 과부란 고독한 처지에 놓여 슬픔이 지극한 사람이다. 혈기가 때로 왕성해지면 어찌 혹 과부라고 해서 감정이 없을 수 있겠느냐?

 가물거리는 등잔불에 제 그림자 위로하며 홀로 지내는 밤은 지새기도 어렵더라. 만약에 또 처마 끝에서 빗물이 똑똑 떨어지거나 창에 비친 달빛이 하얗게 흘러들며, 낙엽 하나가 뜰에 지고 외기러기 하늘을 울고 가며, 멀리서 닭 울음도 들리지 않고 어린 종년은 세상 모르고 코를 골면 이런저런 근심으로 잠 못 이루니 이 고충을 누구에게 호소하랴.

 그럴 때면 나는 이 엽전을 꺼내 굴려서 온 방을 더듬고 다니는데 둥근 것이라 잘 달아나다가도 턱진 데를 만나면 주저앉는다. 그러면 내가 찾아서 또 굴리곤 한다. 밤마다 늘상 대여섯 번을 굴리면 먼동이 트더구나. 10년 사이에 해마다 그 횟수가 점차 줄어서 10년이 지난 이후에는 때로는 닷새 밤에 한 번 굴리고, 때로는 열흘 밤에 한 번 굴렸는데, 혈기가 쇠해진 뒤로는 더 이상 이 엽전을 굴리지 않게 되었다. 그런데도 내가 이것을 열 겹이나 싸서 20여 년 동안이나 간직해 온 것은 엽전의 공로를 잊지 않으며 때로는 스스로를 경계하기 위해서였다.

공감가는 부분이 참 많습니다. 과부라고 해서 어찌 성욕(性慾)이 없겠습니까? 요즘 사람들만 성욕이 있고, 조선시대 사람들은 성욕이 없었을 리 만무합니다. 어머니는 20년간 밤마다 성욕을 참아내면서 수절한 상황을 자식들에게 있는 그대로 설명합니다.

남편도 없이 지새는 밤이 참 괴롭습니다. 나는 괴로운데 어린 계집종은 세상 걱정 없이 코를 골면서 태평하게 잠듭니다. 성욕이 끓어오를 때마다, 이를 참기 위해 온 방을 돌아다니며 동전을 굴려댑니다. 그러다 보면 날이 밝아온다고 하였습니다. 그리고 나이가 들수록 혈기가 줄어들어 동전 굴리는 횟수 역시 줄어들었다고 합니다. 이처럼 박지원은 밤새 욕망과 싸우던 과부의 모습을 무척 사실적으로 묘사하였습니다.

우리말 속담에 "과부 사정은 홀아비가 안다."라는 말이 있습니다. 한자성어로는 '동병상련(同病相憐)'이라고도 합니다. 누구나 그 처지가 되어 봐야 그 실상을 제대로 알고 공감할 수 있다는 말입니다. 그 반대의 경우도 있습니다. 나만 옳고 남은 그르다는 표현으로 '내로남불'이라는 표현을 요새 많이들 씁니다. 원래는 "내가 하면 로맨스, 남이 하면 불륜"이라는 말을 줄인 신조어였는데, 이제는 하나의 고사성어가 되어 버린 것도 같습니다. 사람들이 많이 쓰는 표현에는 그만한 이유가 있다고 생각합니다. 그만큼 자신에게는 관대하고 남에게는 엄격한 사람들이 많아졌기 때문이 아닐까 합니다.

우리가 너무 자신 위주로만 살다 보면 남에 대해 고려하거나 배려하지 못하는 상황이 발생합니다. 하지만 내가 그 고통을 직접 경험해보고, 힘들어 해보고, 아파해본다면 다른 이들의 아픔에도 충분히 공감할 수 있으리라 생각합니다. 오늘 함께 읽은 글에서 그와 같은 공감의 가치를 함께 생각해 보았으면 합니다.

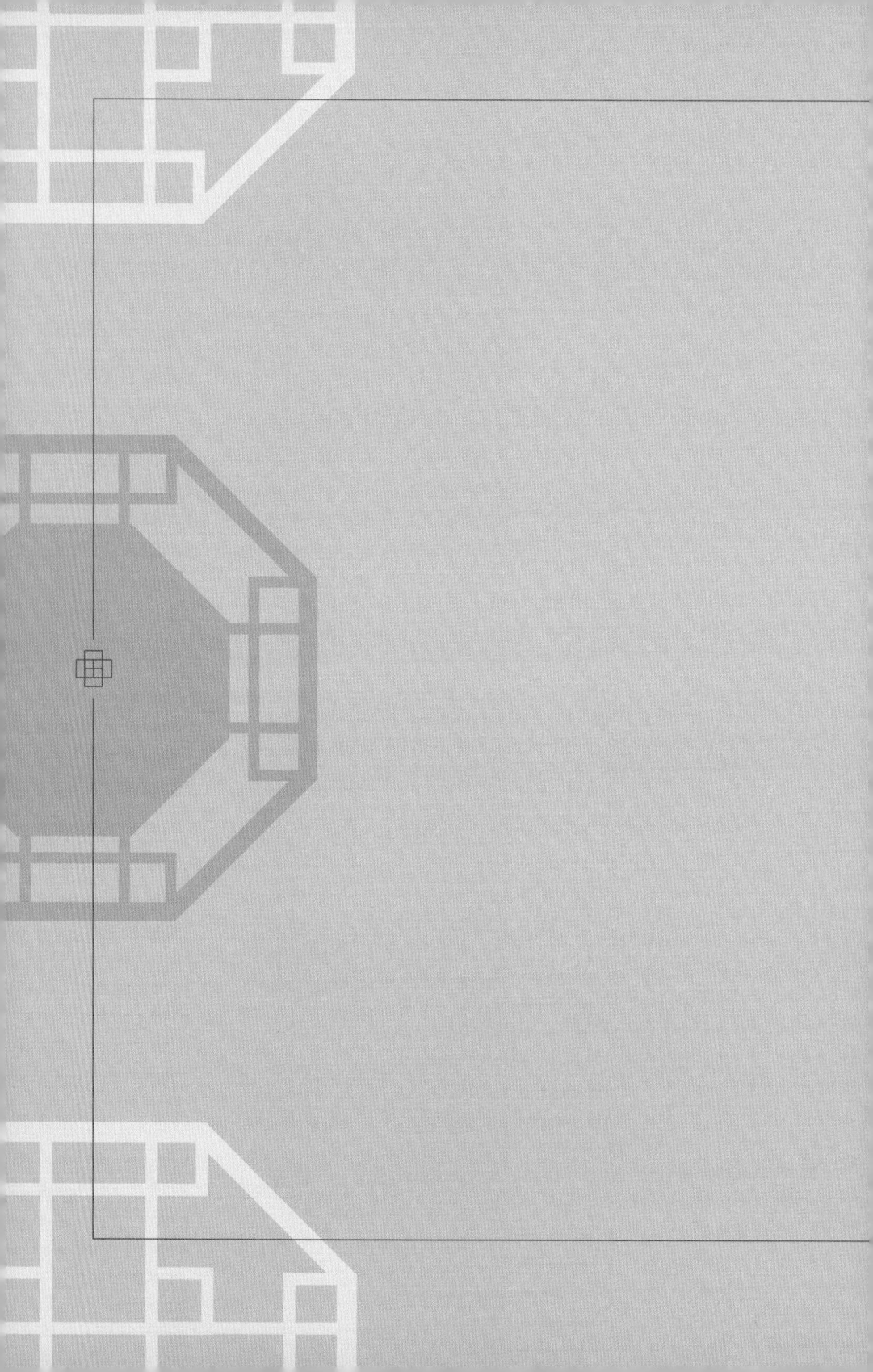

전주대학교 HK+ 지역인문학센터
|교|양|총|서| ❷

제4장
공존

19. 부처와 거지
20. 절밥과 까마귀
21. 한 끝에 있으니
22. 같이 논들 어떠리
23. 잠시 머물다 가는 인생
24. 욕심이 커지면 근심도 커진다네

백은배(白殷培, 1820~1901) / **산수인물영모도**(山水人物翎毛圖) / 국립중앙박물관

19. 부처와 거지

김형술

함께 사는 세상

우리 모두가 잘 알고 있듯, 코로나19가 장기화되면서 우리 사회는 안 그래도 심해지던 양극화 현상이 더욱 빠르게 진행되었습니다. 2020년 8월 통계청 자료에 따르면 2003년 통계 작성 이래 처음으로 임금노동자 11만 3천명이 줄었다고 합니다. 특히 고용 안정성이 취약한 비정규직, 그 가운데서도 한시적 노동자의 피해가 커서 한시적 노동자는 17만 7천명이나 줄었다고 합니다. 임금 격차도 확대되어 정규직과 비정규직의 임금격차는 152만 3천원으로 통계를 집계한 이후 가장 큰 차이를 보였다고 합니다. 재난은 약자에게 더 가혹하다는 사실이 다시 한번 입증된 셈입니다.

이러한 상황은 우리로 하여금 지금 필요한 것이 무엇인가를 신중하게 판단하도록 만듭니다. 어쩔 수 없는 현실이라 여기며 사회적 약자의 피해에 눈을 감을 것인가? 아니면 사회 전체가 함께 고난을 이겨내기 위해 지혜를 모을 것인가? 코로나 상황이 나빠질수록 처지가 악화되는 소외계층에 대해 우리는 어떤 태도를 취해야 하는 걸까요? 이와 관련하여 옥소 권섭의 「걸인불가만시(乞人不可慢視)」, '거지라고 업신여기지 말라'는 작품은 소외된 이들에 대한 우리의 생각을 다시 한번 살피게 합니다.

거지라고 무시하지 마라

이 작품을 쓴 권섭(權燮;1671~1759)은 본관이 안동이고, 자가 조원(調元)입니다. 호는 옥소(玉所)·백취옹(百趣翁)·무명옹(無名翁)·천남거사(泉南居士) 등을 썼습니다. 우암 송시열의 수제자였던 권상하(權尙夏)의 조카로, 1689년 (숙종 15) 기사환국 때는 19세로 소두[疏頭 : 연명(連名)하여 올린 상소문에서 맨 먼저 이름을 적은 사람]가 되어 소를 올리는 등 한때 시사(時事)에 관심을 갖기도 했으나, 송시열(宋時烈)을 위시한 주변 인물들이 죽임을 당하거나 유배되는 참극을 겪은 뒤에는, 일체의 벼슬을 마다하고 전국 방방곡곡 명승지를 유람하면서 보고 겪은 바를 문학 작품으로 승화시키는 삶을 살았습니다. 조선후기 한시 쇄신을 이끈 백악시단의 일원으로 3,000여 수의 한시는 물론, 75수나 되는 시조와 2편의 가사 작품도 지었습니다. 그의 작품은 주제, 소재, 시어, 기법 면에서 대단히 참신하고 파격적인 면모를 보인다는 평가를 받습니다.

이제 작품을 살펴보도록 하겠습니다.

> 걸인이 부처요, 부처가 걸인이니
> 처지를 바꾸어 공평히 보면 모두가 한 몸이라.
> 불상 아래 뜰 앞에서 사람들은 떠받드는데
> 걸인과 부처 중에 누가 진짜인 줄 알리오?
>
> 乞人如佛佛如人　易地均看是一身
> 　걸 인 여 불 불 여 인　　역 지 균 간 시 일 신
> 佛下庭前人上揭　乞人尊佛辨誰眞
> 　불 하 정 전 인 상 게　　걸 인 존 불 변 수 진
>
> ― 권섭(權燮), 「걸인불가만시(乞人不可慢視)」

이 작품은 일곱 자, 네 줄로 이루어진 칠언절구입니다. 첫 번째 구에서 시인은 '걸인여불불여인(乞人如佛佛如人)' 곧 걸인이 부처와 같고 부처가 걸인과 같다고 하였습니다. 시인은 작심하고 시의 첫머리에 파격적인 언명을 던졌습니다. 그리고 이어 "처지를 바꾸어[역지(易地)] 고르게 보면 [균간(均看)] 부처나 걸인이나 한 몸[시일신(是一身)]"이라고 합니다.

시인은 왜 이런 이야기를 하는 것일까요?

작가는 걸인의 구걸을 부처의 탁발과 겹쳐서 사유하는 것으로 보입니다. 탁발은 부처가 세상에 있을 당시, 불법의 구현을 위해, 깨달음의 실천을

위해, 그리고 사회적 관계에의 참여와 중생제도를 위해 행했던 수행의 한 가지입니다. 그런데 이 탁발은 구걸의 의미로 여겨지기도 했습니다. 우리가 구걸을 뜻하는 말로 흔히 사용하는 '동냥'이 실은 탁발을 위해 스님이 '방울을 흔들다', 즉 '동령(動鈴)'에서 나왔다는 사실은 이러한 면을 보여줍니다. 작가는 지금, 이러한 생각을 바탕으로 부처님도 탁발에 의지하여 일상생활을 했고, 걸인도 구걸에 의지하여 생계를 꾸려나가고 있으니 서로 같다고 말하고 있는 것입니다.

그런데 이 둘을 바라보는 사람들의 시선은 시인과는 사뭇 다릅니다. 시적 정황은 이렇습니다. 사람들은 부처가 모셔진 전각의 뜰 앞에서 연신 절을 올리며 부처를 떠받듭니다. 그리고 그 곁에는 부처에게 복을 빌러 온 사람들을 대상으로 구걸을 하는 걸인이 있습니다. 그런데 사람들은 부처에게 절을 올리며 자기 복만 구할 줄 알지, 정작 한 줌의 쌀과 한 푼의 돈이 절실한 걸인은 아랑곳하지 않습니다.

시인의 눈에는 이 모습이 부조리한 것으로 비칩니다. 그래서 시인은 마지막 구에서 뼈 있는 질문을 던집니다. 걸인과 존귀한 부처 가운데 누가 과연 진짜일까? 하고 말입니다. 시인의 생각은 여기에 모아져 있습니다. 진정 부처님의 자비를 실천하고, 복을 구하고자 한다면 과연 누구를 신경 쓰고 마음을 전해야 할 것인가? 앞으로 있었으면 하는 복을 구하기 위해 부처에게는 아낌없이 시주를 하면서 곁에서 지금 당장 도움을 호소하는 걸인은 무시하는 이 부조리한 상황에서 시인은 걸인이 곧 부처요, 부처가 곧 걸인이니 없는 부처보다 지금 있는 걸인에게 자비를 베풀라 역설하고 있는 것입니다. 이 작품은 천한 걸인과 존귀한 부처라는 극단적 대비를 통해 독자로 하여금 존재의 의미와 가치, 나아가 함께 산다는 것에 대해 다시 생각하게 하는 작품이라 할 수 있습니다.

공존을 위한 첫걸음

우리 사회는 1996년 IMF 사태 이후, 비정규직이 급등하고 소득분배가 악화하였으며 저출산이 심화되고, 노인 빈곤이 확산되며, 자살률이 급등하는 하는 등 지속적으로 사회 양극화의 길을 걷고 있습니다. 그리고 이러한 상황은 코로나19 팬데믹 사태를 통해 더욱 증폭되고 있는 상황입니다. 그리고 이러한 상황 앞에서 우리 사회는 새로운 패러다임, 새로운 가치를 모색하고 있습니다. 그렇다면 우리에게 지금 필요한 가치는 무엇일까요?

그것은 사회 구성원들이 서로의 처지를 이해하고, 함께 살아야 한다는 의식을 갖는 것이 아닐까 싶습니다. 우리 사회에서 진행되고 있는 사회 양극화는 필연적으로 더 많은 소외계층을 양산하기 마련이며, 이러한 현상은 결과적으로 우리 사회의 건강하고 지속적인 발전을 가로막을 것입니다. 그뿐만 아니라, 심각하게는 우리 사회의 토대가 붕괴하는 상황으로까지 이어질 수도 있습니다. 나만 잘 살면 된다거나, 개인의 행복은 각자 알아서 해야 한다는 각자도생(各自圖生)의 논리보다는 국가적 차원에서, 사회적 차원에서, 그리고 개인적 차원에서 함께 살기 위해 할 수 있는 것들이 무엇인지를 생각하고 실천하는 것이 필요한 때라 생각합니다.

부자들은 초호화 의료서비스를 누리는 반면, 가난한 사람들은 병원비가 없어 속절없이 죽어야 하는 아무개 나라들을 우리는 반면교사 삼아야 합니다. 옥소 권섭이 형상화한 것처럼 배고픔에 자비를 구걸하는 걸인은 놔두고 부처에게 복을 비는 우(愚)를 범해서는 안 될 것입니다. 바로 내가 그들이었을 수 있으며, 그들이 곧 나였을 수 있다는 생각, 현재 나의 지위는 우리 사회의 누군가를 대신한 것일 수 있다는 생각을 가지고 있을 때, 나도 그들도 모두 함께 살아야 할 구성원이 될 수 있을 것입니다.

금동반가사유상(金銅半跏思惟像) / 국립중앙박물관

전 조속(傳 趙涑) / 새와 까치(鳥鵲圖) / 국립중앙박물관

20. 절밥과 까마귀

김형술

코로나19와 생태환경

코로나19 팬데믹 사태를 지나는, 혹은 통과하고 있는 현재까지, 우리들은 코로나19 이전의 삶의 방식에 대해 성찰하게 되었습니다. 그 가운데 우리 스스로 뼈저리게 반성하는 부분이 바로 자연, 환경에 대한 홀대와 무시였습니다. 실제로 생태환경 연구자들 가운데는 코로나19의 원인이 지구 온난화를 비롯한 환경문제라고 주장하는 분들도 있습니다. 그리고 여러 연구 결과를 보더라도 인간의 무분별한 생태계 파괴로 서식지를 잃은 동물들이 인간들과의 접촉 횟수가 많아지면서 전염성이 창궐하게 되었다고 합니다. 꼭 코로나19가 아니더라도 우리가 살고 있는 이 지구 환경에 대한 문제는 우리 인류의 지속적 생존과 직결되는 매우 중요한 문제가 아닐 수 없습니다.

인간이 이 지구의 한 구성원으로서 다른 생명체들과 조화로운 공존을 해 나갈 수 있을 때, 우리 인류는 미래를 꿈꿀 수 있을 것입니다. 오늘 볼 한시는 바로 이 점, 인간과 생명, 자연과의 공존에 대해 아름다운 사색을 하게 만드는 작품입니다.

절밥과 까마귀

두 번째 수
자리에서 일어나 한가로이 걷노라니
산이 깊어 누가 다시 이 길을 지났으랴!
산그늘은 온통 안개 낀 듯 어둑한데
숲 속에 내린 눈은 절로 꽃으로 피었구나.
괴이해라! 소나무는 바위에 서려 늙어가고
가련해라! 부처는 암자 벽화 속에 많구나.
종 울리자 절밥이 다 됐나보다
까악까악 찬 까마귀 우는 것 보니.

其二
睡起吾閒步　山深誰復過
　수 기 오 한 보　산 심 수 부 과
峰陰渾欲霧　林雪自開花
　봉 음 혼 욕 무　임 설 자 개 화

> 石怪盤松老　菴憐畫佛多
> 석괴반송로　암련화불다
>
> 鐘鳴齋飯熟　啼啄有寒鴉
> 종명재반숙　제탁유한아
>
> — 박태관(朴泰觀), 「관음사(觀音寺)」

　이 시를 쓴 분은 박태관입니다. 박태관(朴泰觀; 1678~1719)은 자(字)가 사빈(士賓)이고 호(號)는 응재(凝齋) 또는 백애자(白厓子)며, 본관은 반남(潘南)입니다. 박태관은 백악시단의 일원으로 스승 김창흡으로부터 극찬을 받았으며 이병연, 정선, 홍세태, 정래교 등 당대 명사들과 교유했습니다. 시선집 응재유고(凝齋遺稿)가 전하는데, 벗이었던 이병연이 자신의 녹봉을 덜어 간행해주었습니다. 박태관은 김창흡으로부터 시가 예스럽고 질박하며 꾸밈이 없다는 평을 받았습니다.

　이 작품은 원래 두 수로 이루어진 연작시인데, 그 가운데 두 번째 수를 가져왔습니다. 박태관은 관음사라는 절에 들러 스님과 밤새 이야기를 나누었습니다. 그리고 다음날 이른 새벽에 홀로 산책에 나섭니다. 수련에서 "자리에서 일어나 한가로이 걷노라니, 산이 깊어 누가 또 이 길을 걸었으랴!"라고 하였듯, 박태관의 산책은 아무도 간 적 없는 첫새벽의 눈을 밟는 산책이었습니다. 그리고 함련에서 보듯, 산책을 하노라니 안개가 낀 듯 어둑한 산길에는 가지마다 눈꽃이 피어있습니다. 시인은 좀더 길을 걷습니다. 가다보니 노송이 눈에 들어옵니다. 그 노송은 하얀 눈을 인 채 차디찬 바위에 기기묘묘하게 뿌리를 내리고 서있습니다. 그리고 도착한 암자에는 벽에 부처님의 그림이 그려져 있는데 하얀 눈 속에 무방비로 서 있습니다. 그래서 시인이 '가련해라!'라고 한 것입니다. 인적 하나 없는 순백의 세상, 그 안에 노송과 부처, 그리고 시인이 있습니다.

　이 시의 묘미는 미련에 있습니다. 순백의 세상, 청정무구의 세계에 빠져 있던 작가에게 홀연 종소리가 들립니다. 아마도 아침 식사를 알리는 종이겠지요. 종소리를 따라 선문에 들어서려는데 어디선가 까마귀들이 날아와 너무도 익숙하게 부리로 쪼아대며 울고 있습니다. 이 모습을 본 시인은 아름다운 생각을 피웁니다. 아침 공양을 알리는 종소리를 까마귀가 자기보다 먼저 알고 모여들었다고 말입니다. 사실 시인이 본 이 장면은 우연한 모습일지도 모릅니다. 그러나 시인은 까마귀들이 종이 울리면 으레 절에 와서 아침밥을 공양받았던 것으로 그리고 있습니다. 참으로 아름답고 빼어난 시적 상상입니다. 순백의 세상에서 스님과 까마귀가 아침 공양을 함께 하는 모습. 시인은 눈 내린 절집의 한 장면에서 나[我]와 저[彼], 사람[人]과 사물[物], 속(俗)과 선(禪) 등 일체의 차별이 무화(無化)된 진여(眞如)의 세계를 읽어내고 있는 것입니다.

잠깐만 빌린 지구

　우리는 우리가 살고 있는 이 지구를, 우리가 사는 동안만 빌린 것입니다. 우리의 다음 세대로부터 말입니다. 그런데 우리는 잠깐 빌린 것을 마치 우리의 소유인 것 마냥 함부로 사용합니다.

사람이 가지고 있는 것 가운데 남에게 빌리지 않은 것이 또 뭐가 있다고 하겠는가. 임금은 백성으로부터 힘을 빌려서 존귀하고 부유하게 되는 것이요, 신하는 임금으로부터 권세를 빌려서 총애를 받고 귀한 신분이 되는 것이다. 그리고 자식은 어버이에게서, 지어미는 지아비에게서, 비복(婢僕)은 주인에게서 각각 빌리는 것이 또한 심하고도 많은데, 대부분 자기가 본래 가지고 있는 것처럼 여기기만 할 뿐 끝내 돌이켜 보려고 하지 않는다. 이 어찌 미혹된 일이 아니겠는가.

그러다가 혹 잠깐 사이에 그동안 빌렸던 것을 돌려주는 일이 생기게 되면, 만방(萬邦)의 임금도 독부(獨夫)가 되고 백승(百乘)의 대부(大夫)도 고신(孤臣)이 되는 법인데, 더군다나 미천한 자의 경우야 더 말해 무엇 하겠는가. 맹자(孟子)가 말하기를 "오래도록 차용하고서 반환하지 않았으니, 그들이 자기의 소유가 아니라는 것을 어떻게 알았겠는가."라고 하였다. 내가 이 말을 접하고서 느껴지는 바가 있기에, 차마설을 지어서 그 뜻을 부연해 보았다.

고려 문인 이곡(李穀)의 「차마설(借馬說)」 가운데 일부인데, 말을 빌린 자기 경험을 가져다 인간이 존재하는 본질을 명철하게 꿰뚫어 본 대목입니다. 사실 인간이란 존재는 관계를 통해 사회적 기능을 보증받기 때문에 위에서 말한 것처럼 무엇 하나 남에게 빌리지 않은 것이 없습니다. 인용문에서 말한 '빌림'은 관계 자체를 의미합니다. 저 임금으로부터 미천한 자에 이르기까지 모든 존재는 관계에 기반하여 기능을 빌린 것일 뿐인데, 그 빌린 것이 오래 되면서 빌렸다는 사실 자체를 망각하고 본래부터 자기가 소유했던 것인냥 착각합니다. 바로 이것이 맹자께서 지적하신 말의 본뜻입니다. 그런데 이곡이 명철하게 보여준 이런 사유는 오늘날 우리와 우리가 살아가는 터전인 지구와의 관계에도 딱 들어맞는 생각입니다.

잠시 빌린 것일 뿐인 지구를 본래부터 우리것인 줄로 착각하고 마음대로 써버린 결과, 지구의 모든 존재들이 살 곳을 잃고 시름시름 앓고 있습니다. 인간이 자기 종족만 위해 이기적 행보를 지속하면, 결국 인류의 미래도 사라지고 맙니다. 코로나19라는 전대미문의 상황 앞에서 우리들은 우리들의 생활방식에 대해 다시 한번 생각하게 되었습니다. 정말, 우리의 자식들이, 후손들이 살아갈 세상도 우리들이 그랬던 것처럼, 쉼없이 무언가를 만들어 내야하고, 소비해야 하며, 끝없는 경쟁 속에서 신음해야 할까요?

박태관이 오늘 우리에게 보여준 모습, 순백의 눈을 배경으로 아침밥을 나누는 스님과 까마귀의 모습은 우리에게 많은 것을 생각하게 합니다.

정선(鄭敾, 1676~1759) / **소나무**(蟠松圖) / 국립중앙박물관

김형술 _ 절밥과 까마귀

傳 金埴(전 김식, 1579~1662) / 화조도(花鳥圖) / 국립중앙박물관

21. 한 물에 있으니

김승우

    고전시가를 통해 '공존의 인문학'을 생각해 보는 시간을 이어가고 있습니다. 지난 다섯 번째, 여섯 번째 시간에는 '공감'을 주제로 작품을 살펴보았습니다. 서로의 처지를 이해하려는 마음가짐과 태도의 중요성을 되새겨 보는 시간이었습니다. 일곱 번째, 여덟 번째 시간에는 그 연장선상에서 '공존'을 다루고자 합니다. 서로를 이해하는 데에서 한 걸음 더 나아가 서로 부대끼며 함께 살아가야 한다는 내용을 담고 있는 고전시가 작품을 살피려 합니다.

    일곱 번째 시간의 제목은 '한 물에 있으니'라고 붙여 보았습니다. 역시 이제 다룰 작품에 나오는 구절인데, 문맥상 '한 공간에 있으니'라는 뜻으로 해석할 수 있습니다. 함께 살아가야 할 운명을 강조한 표현입니다.

먼저 작자인 상촌(象村) 신흠(申欽, 1566~1628)에 대해 간략히 알아보도록 하겠습니다. 신흠은 16, 17세기에 걸쳐 살았던 우리나라의 대표적인 문인 학자 가운데 한 명입니다. 학문의 깊이나 문학적 역량을 순위로 매길 수 있는 것은 아니지만, 조선 중기에 한문 작가로 명망이 높았던 월사(月沙) 이정구(李廷龜, 1564~1635), 상촌 신흠, 계곡(谿谷) 장유(張維, 1587~1638), 택당(澤堂) 이식(李植, 1584~1647)을 묶어서 흔히 '한문사대가(漢文四大家)' 또는 간단히 '사대가'라고 부릅니다. 그 사대가 가운데 한 명이 바로 신흠입니다.

생몰연대를 보면 신흠은 명종 21년인 1566년에 태어나 인조 6년인 1628년까지 살았습니다. 생애의 한중간에 임진왜란(壬辰倭亂)이라는 큰 전쟁을 겪었고 광해군대에는 파직과 유배를 당하기도 했습니다. 생애 막바지에는 정묘호란(丁卯胡亂)이 일어나 급히 피난을 간 바도 있습니다. 그야말로 격동의 시기를 힘겹게 헤쳐 나간 인물입니다. 이렇듯 혼란했던 시대에도 신흠은 빼어난 작품을 지어 남겼고, 문학의 요건과 역할이 무엇인가에 대해 진지하게 고민하기도 했습니다.

대개 신흠은 한문학의 대가로 기억되기는 하지만, 그는 걸출한 시조 작가이기도 했습니다. 실상 조선 중기까지만 해도 시조와 같이 우리말로 된 문학 작품을 짓는 일이 사대부들 사이에서 흔치는 않았습니다. 한문학 작품으로 자신의 문학적 재능을 표출하려 했을 뿐, 우리말로 된 작품에 대한 평가는 무척 박했던 것이 사실입니다. 이 시기에 많은 고전시가 작품을 지었던 송강(松江) 정철(鄭澈)이나 고산(孤山) 윤선도(尹善道)가 더 도드라져 보이는 이유가 여기에 있습니다. 신흠 또한 이런 예외적인 사례에 해당합니다. 한문학의 대가이지만 일찍이 시조의 가치를 인식하고서 직접 30수에 달하는 많은 작품을 지어 남김으로써 우리 문학사에 확실한 족적을 남겼던 것입니다.

신흠의 시조 작품은 '방옹시여(放翁詩餘)'라고 일컫고 있습니다. '방옹'은 신흠의 호이고, '시여'는 '한시 이외의 것'이라는 의미인데 시조를 예전에 이렇게 지칭하고는 하였습니다. 따라서 '방옹시여'는 신흠의 시조라는 뜻이 되지요.

노래 삼긴 사름 시름도 하도 할샤
닐러 다 못 닐러 불러나 푸돗든가
진실(眞實)로 풀릴 거시면은 나도 불러 보리라

— 「방옹시여」

「방옹시여」 가운데 한 수인 위 작품을 통해 신흠이 왜 시조를 지었는지 짐작할 수 있습니다. 우선 작품 전반을 죽 훑어보면 한자어가 거의 없습니다. '진실' 정도를 제외하면 우리 고유어로만 이루어져 있습니다. 한문을 능숙하게 지을 수 있었던 신흠이지만, 시조를 지을 때에는 우리말의 아름다움을 한껏 드러내고자 하였던 것이지요. 초장에서는 "노래를 만든 사람, 시름도 많기도 많아서"라고 하였습니다. '삼기다'는 '만들다', '하다'는 '많다'라는 뜻입니다. 노래를 처음 만든 이가 누구인지는 알 수 없지만 필시 시름이 가득한 사람이었으리라 짐작하였습니다.

그 이유가 중장에 제시됩니다. '닐러'는 '일러', '말하여'라는 뜻인데, 그 앞에 목적어 '시름을'이 생략되어 있습니다. 시름 거리가 많으면 누군가에게든 혼잣말로든 그 시름을 이야기하기 마련인데요, 이야기를 아무리 많이 해도 속이 후련해지지 않는 경우가 흔합니다. 신흠 역시도 그와 같은 체험을 했던 듯합니다. 이런 때에는 말보다는 노래가 필요할지 모르겠습니다. 노래를 부르며 감정을 쏟아내면 평탄하게 말로 시름을 이야기하는 것보다는 좀 더 효과가 있겠지요. 노래를 만든 사람도 처음에는 시름을 말로 이야기해 보다가 도저히 후련해지지 않자 비로소 노래를 불렀으리라는 발상입니다. 종장에 이르러 신흠 자신의 상황을 언급합니다. 노래를 부름으로써 시름이 적이 해소될 수 있다면 자신 역시도 노래를 부르겠노라 술회하고 있습니다.

여기에서 눈여겨보아야 할 사항은 노래의 효용입니다. 이를 통해 신흠이 왜 시조를 지었는지 가늠해 볼 수 있기 때문입니다. 당시의 사대부 문인들이 흔히 그러했던 것처럼 신흠 역시도 한시(漢詩)를 통해서 자신의 뜻과 정서를 충분히 표현할 수 있었습니다. 그럼에도 불구하고 우리말로 된 시조가 필요했던 이유는 시조가 바로 노래로 부르는 갈래이기 때문입니다. 조선 시대에는 한시를 노래로 부르는 문화가 거의 퇴색된 상태였습니다. 한시는 읽거나 읊는 방식으로 향유하였습니다. 반면 시조는 시종 노래로 불렀으므로 노래를 부르고자 한다면 응당 우리말로 된 시조가 필요했던 것이지요. 한두 작품도 아니고 무려 30수나 지은 것을 보면 신흠은 노래로 부르는 시조의 효용을 매우 절실하게 인식하고 있었던 듯합니다.

한편, 위 작품에서 또 하나 주목해야 할 사항은 바로 '시름'입니다. 신흠이 지닌 시름이 얼마나 깊고 컸기에 노래를 불러서라도 시름을 해소하려 했을지 궁금하지 않을 수 없습니다. 시름의 실체가 무엇인지 단정할 수는 없지만 신흠의 생애를 바탕으로 그 대략을 짐작해 보는 것은 가능합니다. 이와 관련하여 다음의 작품을 살펴볼 만합니다.

> 넛ᄀ의 히오라비 무스 일 셔 잇ᄂ다
> 무심(無心)훈 저 고기를 여어 무슴 ᄒ려는다
> 두어라 훈 물에 잇거니 여어 무슴 ᄒ리오
>
> —「방옹시여」

　신흠은 임진왜란이라는 절체절명(絕體絕命)의 국난을 겪었던 인물이었습니다. 문제는 왜란을 겪고 나서도 정치가 쇄신되기는커녕 당쟁이 여전히 극심했다는 점입니다. 동인(東人)과 서인(西人)으로 나뉘어 있었던 붕당(朋黨)이 나중에는 더 분화되면서 신료들 사이에 다툼과 반목이 끊이지 않았던 것입니다. 이러한 폐단은 이전에 이덕일(李德一)의 「우국가(憂國歌)」를 통해서도 살핀 바 있습니다. 신흠 역시 왜란 전후의 극심한 당쟁을 몸소 겪었던 인물입니다. 신흠이 지니고 있었던 여러 시름 가운데에는 이처럼 서로 헐뜯는 정치 문화에 대한 안타까움이 포함되어 있었을 것입니다. 다만 신흠은 자신의 우려를 직접 이야기하지는 않았습니다. 이른바 우의(寓意)를 동원하였는데, 우의에 대해서는 여덟 번째 시간에 좀 더 자세히 살피기로 하고, 여기에서는 우선 빗대어 표현하였다는 정도로 이해해도 충분하겠습니다.

빗대어 표현하기 위해 호명한 대상이 초장에 나오는 '해오라비'입니다. 해오라비는 현대어 표기로는 '해오라기'라고 적습니다. 비교적 작은 크기의 물새입니다. "냇가에 해오라기야, 무슨 일로 서 있느냐?"라고 물었습니다. '잇ᄂ다'에서 '–다'는 고어(古語)로는 의문형 종결어미입니다. 묻는 말이지요. 중장의 '하려ᄂ다'에서 '–다'도 마찬가지입니다.

초장만 보아서는 해오라기의 우아한 모습에 주목한 듯합니다. 푸른 냇물가에 해오라기 한 마리가 고요히 서 있으니까요. 고정된 자세로 무언가를 사색하는 듯 물끄러미 서 있기만 하니 무척 탈속적(脫俗的)인 기품이 느껴질 법합니다. 그런데 중장을 보면 해오라기의 그런 고요한 이미지가 한순간에 무너집니다. "무심한 저 물고기를 엿보아 무엇 하려는가?"라고 하였는데, '무심'은 글자 자체로는 "마음이 없다"라는 뜻이고 요즘에는 "관심이 없다"

해오라기 / 국립중앙과학관

라는 부정적인 의미로 많이 쓰이지만, 예전에는 "욕심이 없다", "사념(邪念)이 없다"라는 긍정적인 의미로 주로 쓰였습니다. 물고기가 그렇다는 것입니다. 해오라기가 고요히 물가에 서 있었던 이유는 결국 무심하게 물속을 노니는 물고기를 낚아채기 위함이었다는 사실이 드러납니다. 해를 끼칠 의도가 전혀 없는 순수한 저 물고기를 왜 엿보느냐고 신흠은 해오라기를 질책하였습니다.

사실 물새인 해오라기가 물고기를 잡아먹는 것은 자연스러운 현상입니다. 강한 자가 약한 자의 고기를 뜯어 먹는 약육강식(弱肉强食)의 비정한 자연 원리이지요. 해오라기도 먹고 살아야 하니, 만일 해오라기에게 물고기를 잡지 말라고 강요한다면 그것은 해오라기에게 굶어 죽으라는 이야기밖에 되지 않습니다. 따라서 신흠이 비판하고자 했던 대상은 해오라기 그 자체는 아닙니다. 무언가에 빗대어 표현하는 우의에 대해 앞서 잠깐 언급하였는데, 이 작품에서도 해오라기의 행태에 빗대어 당쟁의 폐단을 비판하려 했던 것이지요.

신흠이 바람직하게 생각하는 삶의 모습은 한 공간에 살아가는 존재들 사이의 관용과 공존입니다. 종장에 이 내용이 응축되어 있습니다. 종장은 '두어라'라는 말로 시작합니다. 대개 시조 종장의 제일 앞부분에는 특별한 의미가 없는 투식어(套式語)가 많이 나오는데 이 작품에서는 '그만두어라'라는 명령형 어휘로 각성을 촉구하고 있습니다. 물고기를 엿보는 행위, 약자를 해하려는 행위를 그만두라는 요구이지요. 이어서 "한 물에 있거니 엿보아 무엇 하리오?"라 하였습니다. 역시 의문형입니다. 초, 중, 종장이 모두 의문형 문장으로 되어 있는 다소 독특한 작품입니다.

그런데 종장의 의문형은 초, 중장의 의문형에 비해 강도가 높습니다. 엿보지 말아야 한다는 당위(當爲)가 보다 분명히 제시되고 있습니다. '한 물'에 있기 때문입니다. 물고기도 물에 살고 해오라기도 물에 삽니다. 같은 공간을 공유하고 있습니다. 이를 신흠이 살았던 시대에 적용해 본다면 하나의 정치적 공간에서 여러 붕당이 대립하고 있는 상황을 형상화했다고 해석할 수 있겠습니다. 동인이든 서인이든, 더 분화되어 남인과 북인, 노론과 소론을 막론하고 어떤 당색을 지니고 있든 어차피 조정(朝廷)이라는 하나의 공간에서 활동을 합니다. 그렇게 부대끼며 살아가는 존재들끼리 서로가 서로를 해치려 날을 세우는 행태를 이제는 그만두어야 한다고 촉구했던 것이지요.

지금은 해오라기가 물고기를 해치는 입장에 있습니다. 어떤 힘센 붕당이 상대적으로 세력이 약한 또 다른 붕당을 억압하고 위협하는 국면과 비견될 수 있습니다. 그러나 사세(事勢)는 항시 바뀌기 마련입니다. 어느 순간에인가 보다 힘이 센 수상 또는 수중 동물이 나타나 해오라기를 겁박할 수도 있습니다. 어제까지 강자였던 자가 한순간에 약자가 되어 버리는 상황입니다. 어제까지 정권을 잡고 있던 붕당이 더 힘센 붕당에 의해 일거에 제거되는 상황도 얼마든지 상정할 수 있는 것입니다.

서로 괴롭히며 서로를 제압하려고 덤벼드는 끝없는 폐단을 끊는 방법은 결국 구성원 전체의 근본적인 각성밖에는 없습니다. 상호 경쟁하는 관계이기는 하지만 또 한편으로는 함께 살을 맞대고 공존해 가야 할 동료로 상대방을 인식해야만 한다는 것이지요. 지금은 내가 상대를 제압할 수 있는 위치에 있지만, 또 언젠가는 내가 제압당하는 위치에 놓일 수도 있다는 사실을 고려하면서 서로 화합하고 협력하는 관계를 유지해야 한다는 취지입니다.

바로 이러한 교훈을 신흠은 '한 물에 있으니'라는 짧고도 강렬한 경구(警句)로 일깨워 주고 있습니다. 공존의 가치가 그 무엇보다도 중시되는 오늘날, 신흠의 경계를 깊이 되새겨 보아야 할 필요가 있으리라 생각합니다.

秀信(?) / **봉황공작도 병풍**(鳳凰孔雀圖 屛風) / 국립중앙박물관

22. 같이 논들 어떠리

김승우

　'공존의 인문학' 강의 가운데 고전시가 작품을 다루는 시간으로는 오늘이 마지막 여덟 번째입니다. 지난 일곱 번째 시간부터 '공존'이라는 주제로 작품을 살피고 있습니다. 여덟 번째 강의의 제목은 '같이 논들 어떠리'라고 붙여 보았습니다. 한데 어울려 놀면 어떻겠냐는 권유와 소망을 담고 있는 어구입니다. 역시 작품 속에서 따온 말입니다. 같이 어울려 놀기 위해서는 누군가를 차별해서는 안 됩니다. 동등한 지위가 전제되어야 하지요. "우리는 서로 동등하며 함께 살아가야 할 존재이다."라는 취지를 지닌 고전시가 작품을 살펴보고자 합니다. '차별의 폐단에 대한 일침'이라는 제목을 붙여도 좋겠습니다.

　이 내용을 본격적으로 다루기에 앞서서 문학 개념 하나를 언급하고자 합니다. 우의(寓意)라는 표현 기법이 있습니다. 굳이 이 말을 쓰지 않더라도 우리가 흔히 접하고 있는 방식이기는 하지만, 오늘 다룰 작품들이 모두 우의로 엮여 있기 때문에 간단하게 살피도록 하겠습니다. 한자어로는 '우의'라고 하고, 영어로는 '알레고리(allegory)'라고 합니다. 그냥 알레고리라고도 많이 씁니다. 아주 어려운 개념은 아니고요, '빗대다'라는 기본적인 뜻을 가지고 있습니다. A를 A라고 이야기하지 않고 A와 유사성을 지닌 B를 가져와서 A를 이야기하는 방식을 우의라고 합니다. 다른 사물에 빗대어 의도한 뜻을 드러내거나 풍자(諷刺)하는 방식입니다. 여기에서 풍자는 수의적(隨意的)인 요소입니다. 빗대어서 풍자를 할 수도 있고 그렇지 않을 수도 있습니다. 다만 우의는 사회적 병폐를 풍자하기 위해서 동원하는 경우가 많습니다.

우의에서 무엇보다 중요한 것은 '빗대다'라는 특성입니다. 왜 굳이 빗대어 말하느냐를 따져 보면 몇 가지 이유가 있습니다. 우선 무언가를 직접 이야기하기 어려운 상황이 존재합니다. 가령 조선 시대에는 정치에 대한 논평, 특히 임금이나 고위 관료에 대한 비판을 직접 할 수는 없는 분위기였습니다. 그러한 경우에 정작 이야기해야 할 것을 다른 상황이나 다른 사물을 통해서 표현하는 방식이 동원되고는 합니다. 우의가 쓰이는 대표적인 사례라고 할 수 있겠습니다.

또 한편으로는 딱딱한 내용을 보다 쉽게 전달하기 위해서 우의를 활용하기도 합니다. 지루하거나 낯선 사안을 일상에서 흔히 연상할 수 있는 친숙한 사건과 사물에 빗대어 표현하는 것이지요. "착하고 정직하게 살아라."

라는 말은 늘상 접하는 훈계입니다. 하지만 이러한 교훈을 직접적으로만 이야기해서는 소기의 효과를 거두기가 어렵습니다. 이럴 때에 우의가 유용하게 쓰일 수 있습니다. 예컨대 우리가 잘 알고 있는 이솝 우화를 떠 올려 보시지요. 이솝 우화는 주로 동물들에 관한 이야기입니다. 의인화된 동물들이 서로 다투기도 하고 화해하기도 하면서 시끌벅적 살아갑니다. 이솝 우화를 듣거나 읽은 후에 우리가 느끼게 되는 것은 '동물들의 세계가 저렇구나.', '동물들의 삶도 참 파란만장하구나.'와 같은 부류가 아닙니다. '여우처럼 잔꾀를 부려서는 안 되겠구나.', '거북이처럼 우직하게 살아야겠구나.'와 같은 깨달음을 얻게 됩니다. 이솝 우화는 동물들의 삶에 빗대어서 사람의 일을 말한 것이기 때문입니다. 딱딱하게만 여겨지는 교훈을 훨씬 더 친숙하게 받아들이게 되는 것이지요. 이 과정에서 독자나 청자는 가외로 재미를 느끼게도 됩니다. 우의에서 파생되는 이 재미 역시 작가들이 우의를 활용하는 주요한 동기 가운데 하나입니다.

그만큼 우리가 알게 모르게 흔히 접하는 것이 바로 우의입니다. 고전시가에도 우의가 적용된 작품이 많습니다. 그 가운데 공존의 문제를 거론한 작품의 사례를 살펴보겠습니다.

군봉(群鳳) 모두신 디 외가마귀 드러오니
백옥(白玉) 싸힌 곳의 돌 ᄒ나 굿다마ᄂ
두어라 봉황(鳳凰)도 비조(飛鳥)와 유(類)이시니 뫼셔 논들 엇써ᄒ리
— 『노계가집(蘆溪歌集)』에서

노계(蘆溪) 박인로(朴仁老, 1561~1642)가 지은 시조(時調)입니다. 이전 시간에 살폈던 칠실(漆室) 이덕일(李德一), 상촌(象村) 신흠(申欽)과 같은 시대 사람으로 임진왜란(壬辰倭亂)을 직접 체험했던 인물입니다. 박인로는 분연히 의병(義兵)에 투신하여 전공을 세웠고 전쟁 이후에는 수군(水軍) 장수가 되어 왜군의 재침에 대비하였습니다. 하지만 박인로가 유명한 이유는 그러한 생애보다는 우리말 시가(詩歌) 때문입니다. 그는 자신이 전란에서 겪었던 사항과 전후에 피폐해진 일상을 시가로 절실하게 표현해 내었습니다. 박인로는 특히 가사(歌辭)를 즐겨 지었는데 시조 역시도 적지 않게 창작하였습니다. 그 가운데 부모님과 형제를 그리워하는 내용을 지닌 시조는 중고등학교 교과서에도 실릴 만큼 유명합니다. 그러나 삶에 관한 교훈적 메시지를 담은 위 작품도 이에 못지않은 절창(絶唱)입니다.

까마귀 / 한국조류보호협회

초장에서는 "군봉이 모이신 데 외까마귀가 들어오니"라고 하였습니다. '군봉'에서 '군'은 무리라는 뜻입니다. 봉황이 무리를 지어 모여 있는 모습입니다. '외'는 홀로입니다. 봉황이 떼 지어 모여 있는 곳에 한 마리 까마귀가 들어오니 금방 티가 나겠지요. 화려하고 아름다운 자태를 지닌 커다란 봉황들 사이에 작고 보잘것없는 까마귀 한 마리가 덩그러니 들어왔으니까요. 그 광경을 중장에서는 "백옥이 쌓인 곳에 돌 하나 같다"라고 표현하였습니다. 하얗고 영롱한 빛깔을 띤 옥이 쌓여 있는 데에 난데없이 돌맹이가 들어박힌 듯이 흉하다는 것입니다.

여기까지만 보면, 까마귀에 대한 부정적인 인식을 표출한 것으로 읽히기도 합니다. 분수도 모르고 아무 곳에나 끼는 까마귀를 폄하하는 듯합니다. 그러나 박인로가 정작 이야기하고 싶었던 내용은 종장에 집약되어 나타납니다. '비조'는 날아다니는 새라는 뜻입니다. 새는 원래 날아다니니까 그냥 새라는 의미이지요. '비조와 유'라는 것은 새와 같은 종류, 새의 종류라는 의미입니다. 봉황도 어차피 새라는 규정을 하였던 것입니다. 봉황은 현실에는 존재하지 않는 상상 속의 새입니다. 크기와 외양에 있어서 다른 모든 새들을 압도하는 최고의 조류(鳥類)입니다. 그러나 아무리 몸집이 크고 자태가 아름답다고 해도 결국 새입니다. 반대로도 생각할 수 있습니다. 까마귀가 아무리 외양이 못난 흉조(凶鳥)라 해도 이 역시 새이기는 마찬가지입니다.

잘나든 못나든 어차피 같은 종류이니 잘났다고 스스로를 뽐내거나 못났다고 스스로를 비하할 이유도 필요도 없는 것입니다. 봉황과 까마귀 모두에게 해당하는 교훈이지요. 그러나 초점은 아무래도 봉황 쪽에 맞추어져 있습니다. 종장의 마지막 부분에서는 '모시어 논들 어떠리'라고 하였는데 '모시어'의 목적어 '까마귀를'이 생략되어 있습니다. 봉황과 까마귀가 한데 어울려 논다는 것 자체가 상상하기 어려운 일이기는 합니다. 그러나 봉황이든 까마귀이든 모두 새이기 때문에 아무 차별 없이 한 공간에서 서로가 서로를 존중하면서 살아야 한다는 뜻을 박인로는 전달하고자 했던 것입니다. 그 의미를 좀 더 강화하기 위해서 '까마귀를 모시어'라는 말까지 썼습니다. 까마귀에게도 까마귀만의 장점이 있습니다. 봉황이 흉내 내거나 따라갈 수 없는 장점을 까마귀가 지니고 있기도 하지요. 가령 까마귀는 예로부터 효조(孝鳥)라 일컬어져 왔습니다. 이처럼 까마귀만의 고유한 미덕을 그 자체로 정당하게 인정해 준다면 봉황조차도 까마귀를 모셔야 되는 일이 벌어질 수도 있는 것입니다. 당연시되는 차별의 폐단을 강하게 비판하기 위해서 박인로는 이처럼 '모시어'라는 말까지 쓴 것으로 보이는데, 어찌 생각하면 이 역시 또 다른 차별이라 볼 여지도 있습니다. 까마귀가 봉황보다 상위에 올라서게 되는 것이니까요. 그래서인지 다른 가집에서는 '모시어', 즉 '뫼셔'를 '같이'라는 말로 바꾸어 놓기도 하였습니다. '뫼셔'든 '같이'든 둘 다 의미 있고 묘미 있는 표현입니다.

　박인로가 이 작품을 지은 이유는 정확히 밝혀져 있지 않지만, 아무래도 전란 전후의 갈등과 분열상에 대한 개탄이 창작 동기가 되지 않았을까 생각합니다. 더 적극적으로 해석한다면, 봉황은 태어날 때부터 봉황이고, 까마귀는 태어날 때부터 까마귀입니다. 출신이나 가문, 지체만을 따져서 사람을 대해서는 안 된다는 비판 의식까지도 이 작품에 포함되어 있는 것으로 보입니다. 공존의 중요성을 우의의 기법을 동원하여 적실하게 담아낸 작품이라 하겠습니다.

> 가마귀 검다 ᄒ고 백로(白鷺) ㅣ야 웃지 마라
> 겉치 거믄들 속조차 거믈소냐
> 아마도 것 희고 속 검을순 너ᄯᅮᆫ인가 ᄒ노라
>
> ─『청구영언(靑丘永言)』에서

유사한 작품은 또 있습니다. 작자는 미상이지만, 어떤 가집에는 고려 말과 조선 초기에 걸쳐 살았던 관료인 형재(亨齋) 이직(李稷, 1362~1431)이 지은 작품으로 되어 있기도 합니다. 공교롭게도 이 작품에도 역시 까마귀가 나옵니다. 오늘 다룰 주제가 까마귀는 아닌데, 차별을 해서는 안 된다는 취지를 전달하는 데 있어서 여러 작가에게 까마귀가 유용하게 포착될 수 있었던 듯합니다. 왜냐하면 우리 문화에서는 까마귀를 대개 부정적으로 여겨 왔기 때문입니다. 외양 때문이기도 하고 울음소리가 괴기스럽게 들리기도 해서입니다. 까마귀가 울면 뭔가 불길한 일이 벌어진다는 생각을 많이 했었지요. 그처럼 부정적 이미지를 띤 까마귀를 긍정할 수도 있어야 한다는 내용을 전달함으로써 차별에 대한 일침을 놓을 수 있었던 것입니다.

박인로의 작품에서 까마귀와 봉황을 견주었던 것과 유사하게 이 작품에서도 까마귀와 백로라는 양 극단의 새를 등장시켰습니다. 이 경우에는 색채를 선명하게 대비하였습니다. 완전히 검은색과 완전히 하얀색의

백로 / 한국조류보호협회

대비입니다. 하얀 빛깔을 띠기에 백로는 청렴하고 올곧은 존재로 추앙되어 왔습니다. 백로가 그 반대의 빛깔을 띤 까마귀를 폄하할 만하지요.

그러나 중장에서는 까마귀에 대한 고정관념을 전복하였습니다. "겉이 검다 한들 속까지 검겠느냐?"라는 설의(設疑)를 통해 까마귀를 긍정할 수 있는 기반을 마련하였습니다. 이것은 반대로 진술할 수도 있습니다. 똑같은 구조의 문장으로 "겉이 희다 한들 속까지 희겠느냐?"라고 말할 수도 있습니다. 까마귀는 겉모양이 검다 하여 그 속까지 검다고 전제하고, 백로는 겉이 희니 그 속까지 희다고 여기는데, 반드시 그렇지는 않다는 경계입니다. 이처럼 중장까지의 내용만으로도 이 작품의 취지는 충분히 도출될 수 있습니다.

하지만 그 정도로는 부족하다고 여겼는지 종장에서는 아예 백로에 대해 직접적인 비판을 쏟아 내었습니다. "겉이 희고 속이 검은 것은 너뿐인가 하노라"라고 몰아세우면서 백로가 지닌 위선을 폭로하였습니다. 이 역시도 까마귀에 대해서는 반대의 이야기를 할 수 있습니다. "겉이 검고 속이 흰 것은 너뿐인가 하노라"라는 긍정적 평가도 가능한 것입니다. 그러니 겉으로 드러나는 생김새, 지위, 명망만으로 존재 전체를 파악하거나 재단(裁斷)하는 것은 매우 부당하고도 폭력적이라는 교훈을 이 작품에서 취할 수 있습니다. 차별의 폐단에 대해 심각하게 생각해 보는 계기로 삼을 만합니다.

물론, 그렇다고 해서 백로를 당장 몰아내야 한다는 주장을 이 작품에서 내세우고 있지는 않습니다. 까마귀와 사이좋게 공존할 것을 백로에게 권고하는 뜻이 담겨 있다고 보는 것이 좋겠습니다. 박인로의 작품에서 언급되었던 것처럼 까마귀와 백로도 역시 '비조(飛鳥)와 유(類)', 즉 같은 세계에 속한 동류(同類)입니다. 따라서 서로 반목하기보다는 서로가 지닌 장점을 발견하고 공유하면서 함께 조화를 이루며 살아가야 한다는 것입니다.

이렇게 해서 '공존'을 주제로 진행한 오늘 강의를 마치고, 더불어서 고전시가를 통해 '공존의 인문학'을 모색해 본 지난 여덟 번의 시간을 모두 마무리 짓도록 하겠습니다. 고전시가는 비록 과거의 소산이지만, 현대를 살아가는 우리들에게 많은 교훈과 생각할 거리를 전해 줍니다. 그리고 고전시가는 상당히 다채로운 면모를 지니고 있기도 합니다. 강의에서는 주로 시조와 가사를 다루었으나, 그 밖의 갈래들을 통해서도 여러 흥미로운 내용을 살펴볼 수 있으니, 모쪼록 관심을 가지고 관련된 콘텐츠나 책을 폭넓게 접해 보실 것을 권고합니다. 감사합니다.

전 이교익(傳 李敎翼, 1807-?) / **화첩**(畵帖) / 국립중앙박물관

23. 잠시 머물다 가는 인생

백진우

사인방(四人帮)

수준이 엇비슷하거나 활동이 비슷한 여러 명의 인물들을 한 데 묶어서 부르는 관습이 있습니다. 몇 해 전에 유행했던 〈꽃보다 남자〉라는 드라마에서는 꽃미남 네 명을 묶어서 F4(Flower 4)로 지칭하기도 했고, 우리나라에서 가장 노래를 잘한다는 가수 네 명을 묶어서 대한민국 4대 보컬이라고 부르기도 합니다. 이처럼 여러 명을 묶어 부를 때는 주로 4명을 단위로 삼는 때가 많습니다. 아마도 중국 문화대혁명 시기에 권력을 가졌던 네 명의 인물을 묶어서 사인방(四人帮)이라고 불렀던 유래와 관련이 있는 것 같습니다. 그런데 이는 사실 역사적 인물들을 가리키는 전문어라서, 이때 쓰인 '방(帮)'

을 접미사로 보기는 어렵습니다. 요새 '삼인방'이니 '오인방'이니라는 표현으로 마치 접미사처럼 사용하고 있는데, 이는 사실 옳지 않은 쓰임새입니다.

조선중기 문학사에서 빼놓을 수 없는 중요한 인물 네 명이 있습니다. 특히 산문을 잘 써서 조선중기 한문사대가(漢文四大家)라 불렸던 이들입니다. 네 명의 호에서 앞 글자를 가져와 '월상계택(月象谿澤)'이라고도 부릅니다. 순서대로 월사(月沙) 이정구(李廷龜, 1564~1635), 상촌(象村) 신흠(申欽, 1566~1628), 계곡(谿谷) 장유(張維, 1587~1638), 택당(澤堂) 이식(李植, 1584~1635)의 네 분입니다. 주로 선조(宣祖)와 광해군(光海君) 시대를 살았는데요, 당시에 한문 산문의 전범(典範)으로 꼽히던 당송 고문 스타일의 글을 잘 지은 분들입니다.

오늘 소개할 글은 이 가운데 신흠이라는 분이 지은 「기재기(寄齋記)」라는 글입니다. 이 기문은 당시 유배를 가 있던 박동량(朴東亮, 1569~1635)의 건물에 써준 글입니다. 어떤 연유로 어떤 글을 써주었는지 함께 보겠습니다.

'기(寄)'의 의미

이 기문을 써줄 무렵 박동량은 인목대비 폐비 문제에 연루되어 충청남도 아산(牙山)으로 유배를 가 있었고, 신흠 역시 같은 죄목으로 강원도 춘천에 유배를 가 있던 상황이었습니다. 신흠은 52세에, 박동량은 48세

때였습니다. 두 사람 모두 중앙 무대에서 밀려나 귀양살이를 하고 있다는 공통점이 있었으니 그야말로 동병상련(同病相憐)의 처지였다고 할 수 있습니다.

적은 수의 글자로 큰 뜻을 엮어내는 한시(漢詩)에서는 글자 하나가 시 전체를 아주 특별하고 뛰어나게 만들기도 합니다. 그런 특별한 글자를 한시에서는 '시안(詩眼)'이라고 합니다. 산문에서도 마찬가지입니다. 글 전체를 특별하게 만들어주는 글자, 문장, 구절이 있습니다. 산문에서는 이를 '문안(文眼)'이라고 합니다. 일종의 화룡점정(畫龍點睛)이라고 할 수 있습니다. 신흠의 「기재기」에서는 '기(寄)'자가 제목인 동시에 바로 문안에 해당한다고 볼 수 있습니다.

기문에 대해서는 앞서 이가환(李家煥)의 「순사정기(順事亭記)」에 대해 강의할 때 잠시 언급한 적이 있습니다. 일반적으로 기문에서는 누정의 유래, 건축 과정 등에 대해 언급하기 마련입니다. 그런데 신흠은 이에 대해서는 일절 언급하지 않고 박동량이 자신의 거처에 '기재(寄齋)'라는 이름을 붙인 이유에 대해서만 상세하게 설명합니다. 글을 쓰는 이유가 오로지 거기에만 있듯이 말입니다.

뜻글자인 한자(漢字)가 대부분 그러하듯, '기(寄)'자 역시 여러 가지 의미를 가지고 있습니다. 기본적으로는 '부치다', '보내다'와 같이 '무언가를 준다'라는 의미를 갖고 있습니다. 그리고 또 '기대다', '의지하다', '부쳐살다'와 같은 '함께 하다'라는 의미도 가지고 있습니다. 앞선 경우에 해당하는 우리말 단어로는 '기여(寄與)', '기증(寄贈)', '기부(寄附)' 등이 있습니다. 그리고 뒤의 경우에 해당하는 단어로는 '기숙(寄宿)', '기거(寄居)' 등이 있습니다. 얼마 전 전세계적으로 큰 인기를 끌었던 영화 '기생충(寄生蟲)'도 역시 이에 해당합니다.

신흠의 「기재기」에서 '기'자는 '잠시 붙어살다'는 의미로 후자에 해당합니다. 글의 시작 부분을 함께 읽어보겠습니다.

> 어떤 것을 지녀 자기 것으로 만들고자 하는 일은 망령된 일이다. 어떤 것을 가지고 있으면서 마치 소유하지 않으려는 듯이 하는 일은 속이는 일이다. 어떤 것을 가지고 있으면서 잃게 될까봐 걱정하는 일은 욕심 사나운 일이다. 아무 것도 없으면서 반드시 가지고자 하는 일은 성급한 일이다. 있으면 있고, 없으면 없고, 있거나 없거나 집착하지도 않고 배척하지도 없이 하여 자신에게 아무런 이득이나 손해가 없도록 하는 것이, 옛날의 군자들이었다. 기재옹(寄齋翁) 같은 이는 이에 대해 아는 바가 있었던 분이다!

글의 시작이 마치 선문답(禪問答)과도 같습니다. 한 번 읽어서는 도통 잘 이해가 가지 않습니다. 그런데 찬찬히 읽어보면 결국 소유(所有)에 관한 풀이임을 알 수 있습니다. 순서대로 보자면 이렇습니다.

맨 처음, 자신에게 없기 때문에 가지려 하는 일은 망령된 일이라고 하였습니다. 없으면 없는 대로 지낼 수 있음에도 불구하고 무언가를 가지려 한다면 욕심이 개입될 수밖에 없기 때문입니다. 다음으로는 가지고 있으면서 남들에게는 그러한 내심을 내보이지 않는 것을 속이는 일이라 하였습니다. 마치 자신은 아무런 욕심이 없는 사람처럼 보이고 싶어하는 사람들을 말합니다. 그 다음은 가지고 있으면서 잃어버릴까봐 전전긍긍(戰戰兢兢)하는 사람들을 욕심 사납다고 하였습니다. 이처럼 신흠은 글의 맨 앞에서 사람들이 소유하고자 하는 마음을 욕심과 연결시켜 설명하였습니다.

그렇다면 소유에 대해 어떤 마음을 갖는 것이 올바른 처신일까요? 신흠은 옛 군자들의 처신을 빌려 이렇게 설명합니다. 있으면 있는 대로, 없으면 없는 대로, 있거나 없거나 집착하거나 배척하지 않음으로써, 자신에게 이득이나 손해가 없도록 해야 한다고 말입니다. 자신의 소유가 된다면 되는 대로 자신에게서 떠나가면 떠나가는 대로 놔두는 것, 즉 소유 여부에 대해 집착하지 않는 것이 바로 군자의 자세라고 하였습니다.

신흠은 바로 이 소유에 관한 문제를 '기'자의 풀이로 사용하고 있습니다. 이어지는 단락에서 그 글자의 의미를 다음과 같이 해설하였습니다.

'부친다[寄]'는 것은 '붙어산다[寓]'는 말이다. 있기도 하고 없기도 하며, 가고 오는 일이 일정하지 않음을 말한다. 사람이 하늘과 땅 사이에 살고 있는 일이 참으로 있는 것인가, 아니면 없는 것인가? 아직 태어나기 전의 관점에서 본다면 본래 없는 것이고, 이미 태어난 관점에서 본다면 분명히 있는 것이다. 그러다가 죽게 되면 또다시 없음으로 돌아간다. 그렇다면 사람이 살아가는 것은 있음과 없음 사이에 잠시 붙어사는 것이다. 우(禹)임금도 이렇게 말했다. "삶이란 붙어사는 것이고, 죽음이란 돌아가는 것이다." 그러니 삶이란 나의 소유가 아니라 하늘과 땅이 잠시 맡겨놓은 형체일 따름이다.

신흠은 '잠시 붙어산다'라는 의미로 '기'자를 풀이하고 있습니다. '붙어살다'의 우리말 풀이는 '남에게 의지하여 얹혀살다.'입니다. 위에서 보이는 풀이에 따르면, 신흠이 말하는 '남'이란 다름이 아니라 우리에게 잠시 시간과 공간을 내어준 하늘과 땅을 말합니다. 그 위에서 사람은 잠시 머무는 것이기 때문에 때로는 있기도 하고 없기도 하며, 떠나가기도 하고 찾아오기도 합니다. 삶과 죽음의 관점에서 보더라도 우리는 세상 속에서 잠시 머물다 가는 것이라 볼 수 있습니다.

잠시 머물다 가는 마음으로

사실 이 글에서 보이는 신흠의 인식은 공자(孔子)와 맹자(孟子)를 공부한 유자(儒者)의 세계관과는 다소 거리가 있어 보입니다. 그럼에도 불구하고 신흠은 이러한 인식을 내보였습니다. 글의 끝부분에서 그에 대한 답변의 실마리를 찾을 수 있습니다.

나와 기재옹은 같이 죄를 얻었다. 나는 산골로 귀양을 왔고, 기재옹은 바닷가로 귀양을 갔다. 나 역시 산골짜기 내 거처에 '여암(旅庵)'이라는 편액을 달았다. '나그네(旅)'와 '붙어사는 것(寄)'은 그 의미가 같으니, 이 어찌 같은 병을 앓는 사람이 같은 길을 걷는 것 아니겠는가? 나그네 신세와 붙어사는 신세가 언제나 끝날지는 모르겠으나 나그네 신세를 면하거나 붙어사는 신세를 면하는 것 역시 조물주에게 맡겨둘 뿐이다. 나와 기재옹은 그 사이에서 아무 일도 없으리라. 잠시 나그네로 지내면서 내가 평소 느낀 바를 적어서 기재옹에게 보낸다.

앞서 글의 배경에서 말씀드렸듯이 박동량과 신흠, 두 사람 모두 중앙 무대에서 밀려나 귀양살이를 하고 있다는 공통점이 있었습니다. 비록 거리는 떨어져 있지만 어려운 상황을 함께 견뎌내고 있습니다. 넓디넓은 세상에서 비록 거리는 멀리 떨어져 있습니다만, 그 어딘가에서 함께 살아가고 있다는 생각이 이들을 하나로 묶어내고 어려운 상황을 극복하기 위한 희망이 되지 않았을까 합니다. 또한 삶이란 자신의 소유가 아니라 하늘과 땅이 잠시 맡겨놓은 형체라고도 풀이하였습니다. 이 의미를 확장한다면, 지금 저자인 신흠이나 기재의 주인인 박동량이 겪고 있는 고달픔도 결국은 잠시 머물다 떠나갈 일이라 할 수 있겠습니다.

세상 그 누구도 마냥 평탄하기만 한 인생을 살아가는 이는 없습니다. 살다 보면 기쁜 일과 슬픈 일이 늘 갈마들며 찾아옵니다. 너무도 상투적인 표현이기는 합니다만 "기쁨을 나누면 두 배가 되고, 슬픔을 나누면 반이 된다."라고 하였습니다. 인간이 남들과 함께 살아가는 이유를 바로 여기에서 찾을 수 있을 듯합니다.

장한종(張漢宗, 1768~1815) / **궐어도**(鱖魚圖) / 국립중앙박물관

24. 욕심이 커지면 근심도 커진다네

백진우

서얼(庶孼) 출신 검서관, 성해응

이번 시간에는 조선후기 실학자이자 문인으로 알려진 성해응(成海應, 1760~1839)이라는 분의 글을 소개하고자 합니다. 성해응은 정조(正祖)· 순조(純祖) 연간에 활동한 분입니다. 연경재(研經齋)라는 호(號)를 사용했고, 그래서 문집명도 《연경재전집(研經齋全集)》입니다. 이 문집은 총 88책에 달할 정도로 무척 방대한 분량입니다. '경학(經學)을 연구하다'라는 의미의 '연경(研經)'이라는 호로부터 짐작할 수 있듯 경서(經書)에 관한 글을 많이 남겼습니다. 경학 외에도 우리나라 역사, 지리에 대한 관심도 많았습니다. 타고난 학자라고 할 수 있습니다.

성해응은 이처럼 학문이 뛰어났지만 서얼(庶孽)이라는 신분적 한계가 있었습니다. 그래서 높은 벼슬에 나아갈 수 없었습니다. 다행히 그의 능력을 알아본 정조의 눈에 들어 1788년에 규장각 검서관(檢書官)으로 발탁되었습니다. 정조는 1776년에 국립 도서관이자 학술 연구 기관 성격의 규장각을 설치하고 인재들을 등용하였습니다.

검서관은 규장각에서 연구에 종사하는 실무직이라고 할 수 있는데, 주로 학문이 뛰어나고 실력은 있지만 신분 때문에 관직으로의 진출이 막혀 있는 인재들을 등용했습니다. 비록 정직(正職)은 아니었지만 정조가 이 직책을 무척 중시했다고 합니다. 오늘날 사검서관(四檢書官)이라고 불리는 이덕무(李德懋), 유득공(柳得恭), 박제가(朴齊家), 서이수(徐理修)가 모두 규장각 초대 검서관 출신입니다.

오늘은 성해응의 글 가운데 누군가 잡아 온 물고기를 기르면서 들었던 생각을 짤막하게 정리한 「양어소기(養魚小記)」를 함께 보겠습니다.

차마 하지 못하는 마음

이 이야기는 자신이 직접 경험한 일, 그리고 그로부터 얻은 깨달음을 적고 있습니다. 어떤 사내아이가 냇가에서 물고기를 잡아 가져온 일화에서부터 시작합니다.

사내아이가 냇가에서 작은 물고기 두 마리를 잡아 나에게 보여주었다. 나는 물고기가 살 수 있는데도 끝내 살지 못할까 안타까웠다. 그래서 표주박에 물을 몇 되쯤 담아 그 안에 물고기를 풀어주고 매화분 아래에 두었다. 물고기가 이내 꼬리를 흔들고 지느러미를 치면서 즐거워하는데 마치 강이나 호수에서 노니는 듯하였다.

작은 물고기라고 했으니까 아마도 먹기 위한 목적은 아니고, 잡는 재미를 느끼기 위한 목적이었던 것 같습니다. 자신이 잡은 물고기를 자랑하려는 듯 사내아이가 물고기를 가져와 성해응에게 보여줍니다. 성해응은 사내아이를 칭찬하려는 마음 대신 물고기가 죽을까봐 안타까워하는 마음이 먼저 들었습니다. 그래서 임시로 작은 수조를 만들어서 물고기를 풀어주었습니다. 물고기가 물을 만나니까 제대로 헤엄치는 모습을 볼 수 있었습니다.

성해응이 잡혀 온 물고기를 보고서 가졌던 마음을 '불인지심(不忍之心)' 또는 '측은지심(惻隱之心)'이라고 할 수 있겠습니다. 우리 말로는 '차마 하지 못하는 마음'이라고 합니다. 이 말은 본래 《맹자(孟子)》에 나오는 말입니다.

아마 사단칠정(四端七情)이라는 말을 들어보셨을 겁니다. 사단(四端)은 사람이라면 누구나 선천적으로 타고나는 네 가지의 착한 본성인 인의예지(仁義禮智)로부터 비롯되는 감정을 말합니다. 그리고 칠정(七情)은 사람들이 외부 세계를 접하면서 나타나게 되는 '희노애락애오욕(喜怒哀樂愛惡欲)'의 일곱 가지 감정을 말합니다. 불인지심은 이 가운데 사단 중 하나인 '인(仁)'과 관련한 마음입니다.

맹자는 사단을 풀이하면서 측은지심, 즉 남을 측은하게 여기거나 가엾고 불쌍하게 여기는 마음이 바로 인의 단서라고 하였습니다. 그리고 어린아이가 갑자기 우물로 빠지려는 모습을 보면 누구나 안타까운 마음을 가지고 구해주려 하는 일을 하나의 예시로 들었습니다.

> 지금 어떤 사람이 갑자기 어린아이가 우물로 들어가려는 것을 보면, 누구나 깜짝 놀라고 측은(惻隱)해하는 마음이 드니, 이렇게 하는 것은 어린아이의 부모와 교분(交分)을 맺기 위해서도 아니며, 그렇게 함으로써 고을 사람들과 친구들에게 칭찬을 듣기 위해서도 아니며, 그런 어린아이를 구하지 않았을 경우에 듣게 될 비난을 싫어해서 그런 것도 아니다.
>
> ― 『맹자』「공손추상」

이런 위급한 상황에서 사람이라면 누구나 아이를 불쌍하게 여기고 구하려는 마음을 갖게 됩니다. 그런 마음이 드는 이유는 아이의 부모에게 잘보이기 위해서도 아니고, 다른 사람들로부터 칭찬을 듣기 위해서도 아니고, 다른 이들의 비난이 두려워서도 아니라고 말합니다. 그냥 사람이라면 누구나 당연하게 가지고 태어난 본성이라고 설명합니다.

아마 성해응이 작은 물고기에 대해 가졌던 마음도 이와 같았을 겁니다. 물고기가 물을 떠나면 분명 맥없이 죽게 될 터이니, 그런 모습을 차마 두고 볼 수 없었던 것입니다. 그래서 본성을 유지하며 잘 살아갈 수 있도록 표주박에 물을 담아 풀어주었습니다. 눈으로 보고서도 차마 죽도록 내버려 둘 수 없었던 마음의 발현으로 보입니다.

욕심이 커지면 근심도 커지고

그런데 처음 풀어주었던 물고기 두 마리가 모두 살아남았던 것은 아닙니다. 그 가운데 한 마리는 물 밖으로 뛰쳐나갔다가 죽고 다른 한 마리만 겨울을 지나서까지 살았다고 합니다. 살아남은 한 마리가 점점 커져 더 이상 표주박을 거처로 삼아 살아갈 수 없게 되자 성해응은 이렇게 말하면서 물고기를 냇가에 풀어주라고 합니다.

> 저 작은 물고기가 한 홉 되는 작은 물에 의지하여 살았으니 무척 힘들었을 것이다. 그래도 자신을 보전하였으니 요행이라 할 만하다. 그리고 지난 겨울은 무척 추워서 시내가 모두 말라버렸다. 비록 방어, 잉어, 메기, 연어와 같은 큰 물고기들이라 하더라도 대부분 살아남지 못하였다. 그런데 이 물고기가 얼어죽지 않은 것은 요행 중 요행이라 하겠다. 하지만 이 물고기는 제사에 쓸 수도 없었기 때문에 내가 힘써 베풀어줄 수 있었다. 만약 기름지고 맛이 좋아 삶아 먹을 수 있는 것이었다면 내가 힘써 베풀어줄 수 없었을 것이다.

한 마리 물고기가 살아남은 이유는 물 밖으로 뛰쳐나가고자 하는 욕심을 부리지 않았기 때문입니다. 자신의 본성에 맞게, 그리고 상황에 맞게 처신했기 때문에 스스로를 보전할 수 있었습니다. 또 제수(祭需)로 사용할 만한 물고기였다면 살아남기 힘들었을 것이라 말합니다. 물론 이는 자력(自力)만으로 벌어지거나 혹은 타의(他意)에 의해서만 결정되는 일은 아닙니다. 그저 이 세상에서 만물이 살아가는 자연스러운 모습에 해당합니다. 이러한 상황으로부터 얻은 교훈을 성해응은 다음과 같이 정리합니다.

> 미세한 사물들이 처지에 따라 안주하지 못하고 자신의 힘을 떨쳐 움직이면 죽음을 면치 못한다. 또한 깊은 연못에 살면서 즐거워하다가도, 만약 사람들이 탐내게 되면 스스로 죽음을 면할 수 없게 된다. 사물이 살아갈 때, 작은 것은 길어지기를 바라고 가는 것은 커지기를 바란다. 그러나 길어지고 커지고 나면 그 근심이 또 이와 같으니 장차 어디에 거처할 것인가!

물고기의 모습으로부터 성해응은 사물뿐만 아니라 인간의 처세도 마찬가지라는 깨달음을 얻습니다. 자신의 처지에 안주하지 않고 지나친 욕심을 부릴 경우 화(禍)가 뒤따른다는 말입니다. 이 결론은 오늘날을 살아가는 우리의 처세에 관해서도 일정한 의미를 갖습니다.

사물이 작은 것은 길어지기를 바라고, 가는 것은 커지기를 바란다는 마음은 결국 인간이 권력을 더 갖고 싶어 하거나 재물을 더 갖고 싶어 하는 욕심과 마찬가지입니다. 하지만 사물이 더 길어지고 또 더 커지고 나서 새로운 근심을 만나게 되듯, 사람 역시 더 큰 권력을 갖고 더 큰 재물을 얻는다고 해서 마냥 행복해지는 것만은 아닙니다. 새로 얻게 된 권력, 새로 얻게 된 재물로부터 또 새로운 걱정과 근심이 생겨나기 마련입니다.

　이처럼 이 글은 자신의 처지에 안주하고 욕심을 부리지 말라는 의미로도 읽힙니다. 하지만 그 이면을 살펴보면 공감과 배려의 마음도 함께 읽힙니다. 마지막에 제시한 결론이 그 근거입니다.

> 천지의 덕은 살리는 것을 주로 한다. 사람이나 사물이나 모두 천지로부터 기운을 받았으니 마땅히 그 인(仁)을 체득해야 한다. 그런데도 서로 해치기를 그만두지 못하니, 이는 어째서인가?

　더 큰 권력과 재물 역시 그냥 얻어지는 것은 아닙니다. 그러한 욕심을 성취하기 위해서는 결국 남을 해치거나 작게 만들어야만 합니다. 그러다 보면 인간의 착한 본성인 '차마 하지 못하는 마음'을 유지할 리 만무합니다. 그래서 이번 강의의 주제를 '욕심이 커지면 근심도 커진다네'로 잡아봤습니다. 자신의 욕심을 위해 다른 이를 해치지 않는 것, 바로 공존(共存)의 시작이 아닐까 합니다.